宗教
是怎麼改變世界的？

從五大宗教發展
看懂全球局勢變化與
重大國際議題

東京女子大學與東京通信大學講師
島田裕巳／監修
童小芳／譯

少了對宗教的理解，

宗教是
統治國家的
方便「手段」

詳見P26

宗教是
人們的
「生活型態」

詳見P28

THE GANGA

「宗教＝救贖」只是幻想
是時候好好了解宗教了

聽到「宗教」，大家會聯想
到什麼呢？

若你有「宗教＝拯救眾人」
這樣的印象，那麼可以說你只看
到宗教的極小部分。

就無法掌握世界的真實樣貌

宗教與「經濟」的關係密不可分

詳見P30

聽我說嘛……

宗教註定會漸漸地「消失滅亡」!?

詳見P32

只要閱讀自西元前延續至今的宗教與人類歷史，便會慢慢了解其中的實際狀況。「為什麼創價學會在日本戰後會持續不斷地擴張？」、「為什麼因宗教而起的紛爭不絕？」、「為什麼世界各地都有脫離宗教趨向？」只要了解宗教的真實樣貌，即可解開這類疑惑。

我們生活在全球化與日俱進的現代，對宗教「真實樣貌」的理解已是一種不可欠缺的素養。

政治、經濟、文化……宗教是世界觀的根本！
少了對宗教的理解，就無法了解現代社會

世界一直以來都以宗教為中心運轉——。就算這樣想也不至於有什麼不對吧？

就在此時此刻，世界各地也有許多人正在向神佛祈願祝禱，根本無法想像其數量究竟有多麼龐大。

試著回顧歷史也會發現，宗教一直以來都發揮著極大的作用。基督教的傳教士於16世紀遠渡重洋來到日本，也是為了將其教義傳入極東之國。清教徒先祖遠渡美國也是為了確立信仰的自由。

宗教不斷驅動著世界。我們無法略去宗教的存在來思考人類的歷史。這點無論在近代化、工業化還是持續IT化的現代，放眼整個世界皆是如此。宗教的存在甚至影響著政治與經濟。宗教位處世界觀的根本，不但強而有力地規範著我們看待事物的方法，有時還會限制我們的行動。

觀察藝術的領域也會發現，宗教不僅會影響表現的內容，還影響著它所呈現的

樣態。在一個嚴禁偶像崇拜的宗教大為普及的世界裡，連繪畫都會受到限制，另一方面，在以各種神祇為信仰對象的世界裡，多樣且洗練的宗教美術則會蓬勃發展。

如果不了解宗教，我們真的能夠理解這個世界嗎？

日本既有本土的神道教，還接納了外來的佛教、儒教、道教，甚至是基督教。對於伊斯蘭教這個宗教目前仍存有許多的未知，但畢竟是世界第二大宗教，我們也無法忽視其動向。

各種活動都是在宗教的基礎上發展起來的。這是至今未改的世界現狀。透過本書，應該能讓讀者理解宗教在這個世界上發揮著多麼重要的作用。對此有了進一步的理解後，這個世界看起來應該會和過去不一樣。

東京女子大學與東京通信大學講師　島田裕巳

5

Chapter 3
解析新聞中的各種疑惑
宗教與現代世界

日文版工作人員

設計	鈴木大輔、仲條世菜（SOUL DESIGN）
插畫	玉田紀子
DTP	高八重子
企劃	千葉慶博（KWC）
編輯	田中仰

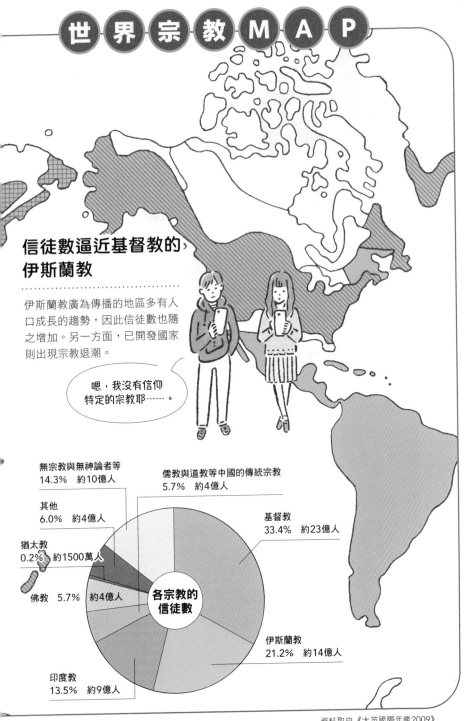

信徒數逼近基督教的伊斯蘭教

伊斯蘭教廣為傳播的地區多有人口成長的趨勢，因此信徒數也隨之增加。另一方面，已開發國家則出現宗教退潮。

> 嗯，我沒有信仰特定的宗教耶……。

各宗教的信徒數

無宗教與無神論者等
14.3%　約10億人

儒教與道教等中國的傳統宗教
5.7%　約4億人

其他
6.0%　約4億人

基督教
33.4%　約23億人

猶太教
0.2%　約1500萬人

佛教　5.7%　約4億人

伊斯蘭教
21.2%　約14億人

印度教
13.5%　約9億人

資料取自《大英國際年鑑2009》

10

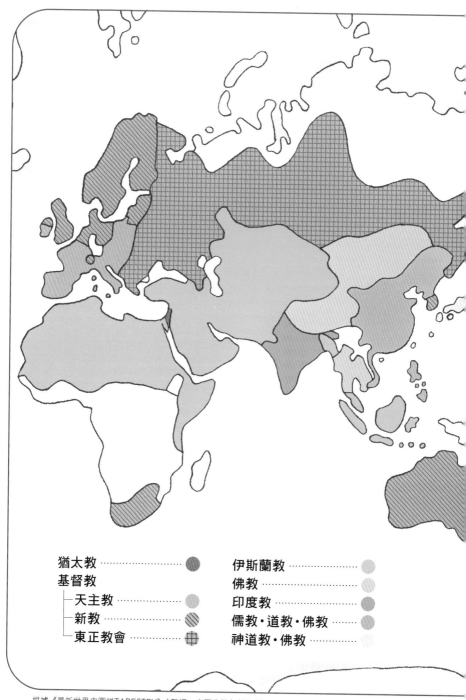

猶太教 ⋯⋯⋯⋯⋯ ●
基督教
　├天主教 ⋯⋯⋯ ●
　├新教 ⋯⋯⋯⋯ ●
　└東正教會 ⋯⋯⋯ ⊞
伊斯蘭教 ⋯⋯⋯⋯⋯ ●
佛教 ⋯⋯⋯⋯⋯⋯ ●
印度教 ⋯⋯⋯⋯⋯ ●
儒教・道教・佛教 ⋯⋯ ●
神道教・佛教 ⋯⋯⋯ ●

根據《最新世界史圖説TAPESTRY》（暫譯，帝國書院）等資料編製而成。
此外，此圖僅標示大致的宗教分布，實際上各地區都有各種宗教相混共存。

5大宗教編年史

在此以年表來介紹本書所提到的5大宗教從創立到現代為止的簡史。各個主題的細節請見參照頁面。

猶太教

西元前13世紀，摩西出埃及→於西奈山領受了十誡

詳見P38

西元前6世紀，猶大王國被征服，為巴比倫囚虜事件之開端

詳見P41

西元前1世紀，對羅馬帝國發起獨立戰爭但落敗

1世紀左右，完成第一部聖典《塔納赫》

詳見P42

基督教

西元前4年左右，耶穌誕生

30年左右，耶穌被處以釘十字架之刑

詳見P48

1世紀左右，耶穌的門徒開始傳教

伊斯蘭教

佛教

西元前6世紀，喬達摩‧悉達多（佛陀）的誕生與圓寂

詳見P92‧94

西元前3世紀左右，佛教傳至印度

詳見P92‧94

西元前3世紀左右，佛教傳至印度

西元前1世紀左右，分為上座部與大眾部

西元元年前後，大乘佛教與上座部佛教傳遍亞洲

詳見P98

印度教

西元前10世紀左右，入侵印度的雅利安人成立了婆羅門教

詳見P88

西元元年前後，從婆羅門教逐漸形成今日的印度教

詳見P106‧108

5世紀左右，完成第二部聖典《塔木德》
詳見P42

313年，羅馬帝國正式承認基督教

392年，成為羅馬帝國的國教
詳見P54

381年，採納三位一體論
詳見P56

397年，完成《聖經》現在的形式
詳見P51

1054年，羅馬教宗與宗主教相互開除對方的教籍，導致東西教會分裂。西→天主教 東→東正教會
詳見P55

570年左右，穆罕默德出生，後來領受了最初的啟示

622年，穆罕默德從麥加移居麥地那
詳見P70

632年，穆罕默德逝世

650年左右，進入正統哈里發時代，完成聖典《古蘭經》
詳見P72

661年，建立倭馬亞王朝。後來為了爭奪哈里發之位而分裂出什葉派
詳見P80

從15世紀左右開始，鄂圖曼帝國崛起
詳見P82

2世紀左右，開始雕刻佛像
詳見P102

7世紀左右，成立密教（中期密教）。由最澄（天台宗）與空海（真言宗）將其傳入日本
詳見P100

佛教與印度教融合而漸漸衰退

從8世紀左右開始，穆斯林商人將伊斯蘭教傳入印度

| | 21 世紀 | | 15 世紀 | |

猶太教

在第二次世界大戰期間，納粹展開猶太人大屠殺

1948年，通過了《以色列獨立宣言》

1948年，中東戰爭揭幕（一共4次）

詳見P86

基督教

1274年，採納七大聖禮

詳見P58

1517年，發起宗教改革→新教誕生

詳見P62

16～18世紀，清教徒革命、法國大革命、美國獨立戰爭等，戰爭與革命四起

詳見P64

2013年，首位出身南美的教宗方濟各就職

伊斯蘭教

1920年代，阿拉伯諸國紛紛獨立

1948年，中東戰爭揭幕（一共4次）

詳見P86

1979年，伊朗革命爆發

2001年，美國同時發生多起恐怖攻擊

佛教

從11世紀左右起，日本創立了淨土宗與淨土真宗等鎌倉新佛教

詳見P152

日本於江戶時代設立檀家制度

詳見P154

中國於二戰之後開始壓迫西藏自治區（藏傳佛教）

詳見P165

布施

印度教

16世紀，建立伊斯蘭王朝蒙兀兒帝國。志在整合伊斯蘭教與印度教的錫克教誕生

1600年，英國成立東印度公司

詳見P110

1947年，印巴分治。翌年，甘地遭到暗殺

Chapter 1

用以理解宗教的
5個焦點

在檢視5大宗教的真實樣貌前，
先介紹宗教的基本概念與思維。
了解宗教的誕生過程、東西方宗教觀的差異，
以及與社會生活之間的關聯性，
應該能更順暢地理解宗教。

宗教的起源——人們為什麼會相信神？

人體下葬後會前往何方呢……

對死後世界的關注

宗教的萌芽

語言的誕生

對空間的認知

周邊　中心　周邊

雙腳直立＆語言催生出宗教!?

洞窟壁畫、金字塔、古墳時代的埴輪——說到「宗教信仰的起源」，應該有不少人會聯想到這些名詞吧？

然而，洞窟壁畫等的年代太過久遠，無法告訴我們一個明確的起源。換言之，**目前對宗教的起源尚未找到一個明確的答案**。

不過我們可以推測出「影響宗教誕生的因素」。近期的研究報告指出，人類大約是在700

所謂的洞窟壁畫　約2萬年前在洞窟畫的野牛與馬等。以阿爾塔米拉洞窟與拉斯科洞窟最為著名。

16

主宰著牛隻的我們，又是由什麼所主宰的呢……？

思考家畜的控管方與受控方之間的關聯性，進而聯想到支配著我們的「主」!?

今年大豐收，真是謝天謝地……

農業會受到天氣與自然災害的影響。人們開始在這之中感受到一個左右著天氣的「主」的存在。

當一個群體信仰相同的對象，宗教便誕生了。透過農耕、畜牧與人類的死亡，形成了在地信仰。

萬年前開始使用雙腳走路。爾後又隨著身體與大腦的進化而有了「語言」，之後便開始可以表達過去、未來與死亡這類「無形之物」。

此後，人類為了更有效地獲取食物而展開群體生活。可以想見是在這個時候產生了「天氣是由誰掌管的呢？」、「是誰在主宰著我們呢？」之類的疑問。在這樣的過程當中，**人們從某個時期開始集體舉辦祭祀儀式等**——這便是現今所推斷的宗教誕生的過程。

所謂的**金字塔**　指在埃及與中南美洲等地發現的巨石建築。最為有力的見解是指為當地國王或權勢者所建造的墳墓，但仍有許多關於建造方式等的謎團。

這些事發生在西元前500年左右……

宗教與思想遍地開花並深化的「軸心時代」

孔子

溫故而知新。

軸心時代

中國

中國

進入春秋戰國時代之後，各地諸侯皆為了富國強兵而開始招納新的思想家，一時諸子百家爭鳴，其中包括孔子（→P162）、老子（→P163）與孫子等。

中國

諸子百家爭鳴，出現孔子、老子等思想家

印度

《奧義書》（→P88）哲學的誕生，對佛教與印度教造成影響。佛陀創立了佛教，筏馱摩那則創立了耆那教（→P104）。

重量級人物陸續登場！

西元前500年左右，人類迎來了一個重大的轉換期。全世界同時且頻繁地孕育出將會成為社會基礎的思想。

中國有孔子（儒教鼻祖）與老子（道教鼻祖）等諸子百家爭鳴。印度有《奧義書》哲學以及喬達摩·悉達多（佛陀：佛教鼻祖）誕生，伊朗則有查拉圖斯特拉（祆教鼻祖）建構出獨樹一格的世界觀。

所謂的諸子百家 「諸子」是指孔子、老子與孫子等人物，而「百家」則是指儒家、道家與兵家等學派。

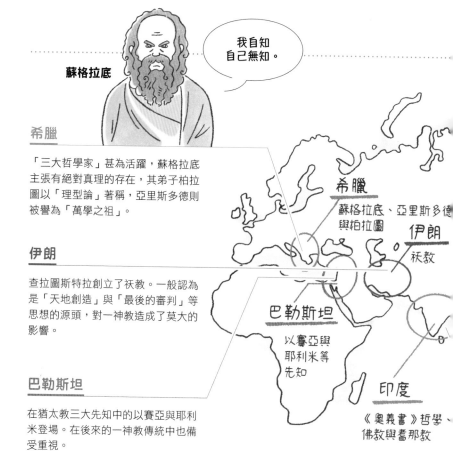

蘇格拉底

> 我自知
> 自己無知。

希臘

「三大哲學家」甚為活躍，蘇格拉底主張有絕對真理的存在，其弟子柏拉圖以「理型論」著稱，亞里斯多德則被譽為「萬學之祖」。

伊朗

查拉圖斯特拉創立了祆教。一般認為是「天地創造」與「最後的審判」等思想的源頭，對一神教造成了莫大的影響。

巴勒斯坦

在猶太教三大先知中的以賽亞與耶利米登場。在後來的一神教傳統中也備受重視。

希臘
蘇格拉底、亞里斯多德
與柏拉圖

伊朗
祆教

巴勒斯坦
以賽亞與
耶利米等
先知

印度
《奧義書》哲學、
佛教與耆那教

另一方面，在一神教中備受重視的以賽亞與耶利米等先知在巴勒斯坦登場，而希臘也有蘇格拉底與柏拉圖等多位哲學家風靡一世。

德國近代哲學家卡爾·雅斯佩斯將諸多宗教與西方哲學加以深化的這個時代命名為「軸心時代」。

他指出，人類透過群體生活確保了衣食住，下一個階段便是進入精神覺醒的時代。

這成為人類誕生後持續數萬年的時代中的一個重大轉換期。

所謂的先知

主要是在一神教世界中指稱向人類傳達神之旨意的人。包括耶穌與穆罕默德等人在內，不同宗教所尊重的先知有所不同。

宗教發展的分歧!?「擴張型」的世界宗教與「團結型」的民族宗教

世界宗教的思維

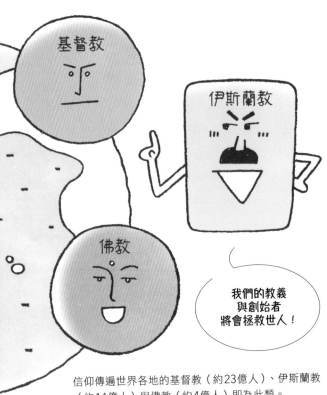

信仰傳遍世界各地的基督教（約23億人）、伊斯蘭教（約14億人）與佛教（約4億人）即為此類。

不能斷言「猶太教＝猶太人」

世界宗教是指有一名鼻祖且跨越國家、地區與種族等而廣為傳播的宗教。基督教、伊斯蘭教與佛教等皆屬此類。

另一方面，民族宗教則是經不同地區民族所成立而誕生的宗教，特色在於沒有特定的鼻祖。猶太人信仰的猶太教、印度人的印度教與日本人的神道教等則屬此類。

然而，宗教也有難以嚴格區

民族宗教的思維

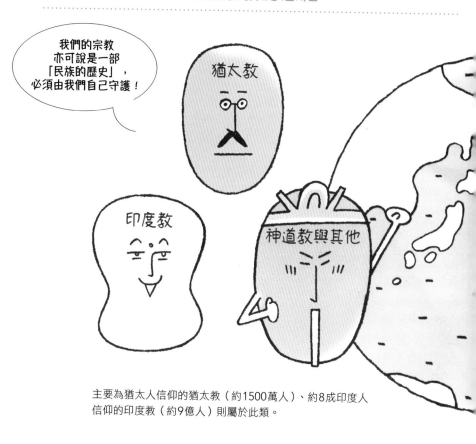

> 我們的宗教亦可說是一部「民族的歷史」，必須由我們自己守護！

主要為猶太人信仰的猶太教（約1500萬人）、約8成印度人信仰的印度教（約9億人）則屬於此類。

分的面向。舉例來說，猶太教雖為較具代表性的民族宗教，卻不代表所有猶太人都信奉猶太教。

不僅如此，也有一些非猶太人改信猶太教。同樣的，印度教是眾多印度人的信仰，卻也開放非印度人入教。

雖然也有像這樣難以明確區分的狀況，但我們不妨說：擁有普遍教義且以擴大全世界信徒為目標的宗教即為世界宗教，而重視同一民族之連結的宗教則為民族宗教。

日本為多神教信仰!? 一神教與多神教之間的模糊關係

一神教
世界

- 信仰和崇拜絕對且唯一的神
- 基督教、猶太教與伊斯蘭教等
- 以美國、歐洲與中東地區為主

實際上……

也有多神教的一面

基督教的聖髑崇拜

基督教為一神教，卻也盛行尊崇那些為了捍衛基督教信仰而選擇死亡（殉教）的聖人或是聖人的遺物。

希望疾病能夠痊癒。

日本人在新年參拜時會意識到個別的神祇？

除了世界宗教與民族宗教之外，另外還有「一神教」與「多神教」之分，前者視其信仰對象為「唯一的神」，後者則信奉複數的神祇。

猶太教、基督教與伊斯蘭教為一神教的代表例。這些宗教皆起源於閃米特人（閃族），因而也有人稱之為閃米特一神教。

另一方面，多神教則是以複數的神祇為信仰對象，比如尊崇

所謂的閃米特語 西亞與阿拉伯半島等民族所使用的語言之總稱，含括阿拉伯語與希伯來語等。

多神教世界

- 信仰複數的神祇
- 佛教、神道教與印度教等
- 以亞洲圈為主

願有好事發生。

實際上……

也有一神教的一面

日本的八百萬神明信仰

神道教是以八百萬神明為信仰對象，但是新年參拜等時候，很少有人會明確意識到他們走訪的神社裡所供奉的神祇。

「八百萬神明」的神道教、信奉濕婆等三大主神的印度教等。從這樣的背景來看，生活在多神教世界的日本人往往會有這樣的印象：「一神教＝排他」，而「多神教＝寬容」。

然而，只要審視信仰的實況就會發現，一神教與多神教的區分並不明確。舉例來說，到神社參拜時，應該有不少人都是含糊地以「該處供奉的神」為參拜對象吧？另一方面，基督教也有多神教的面向。

相較於這些一神教×多神教的對比，下一頁所介紹的「神」×「空・無」應該更有助於理解宗教。

西方與東方的差別不是一神教vs多神教，而是「神」vs「無」

西方宗教 —以基督教為例—

絕對的存在

該如何才能
得到救贖？

世界上有個超出人類智慧的存在——「神」。正因如此，不能僅憑一己之力，而是必須皈依於基督教才能獲得救贖。

**世界是
由絕對的神
所創造的**

▼

**只要信奉
耶穌為救世主，
即可通過世界末日的審判
通往天堂**

從基督教與佛教中
可看出宗教觀的差異

正如英語裡的稱呼「God」或「the Creator」所示，基督教的神是這個世界的創造主。一般認為，既然是神打造出世界與人類，那麼終結世界的也會是神。

因此，基督教的思維便是：只要信奉守護人類的救世主耶穌，即可在世界終結之際獲得救贖。

另一方面，佛教的立場則是認為「這個世界的最高原理是空與無，創造人類世界的神並不存

24

東方宗教 —以佛教為例—

絕對的存在

空・無

該如何才能得到救贖？

世界既無起點，亦無終點。悟道之路為所有人而開，人人皆應修行以便理解世界的真理。

世界是由「因果」輪迴所構成，並無所謂絕對的存在

只要遵從「因果」之道並實踐正確修行，人人皆可成佛

在」。換言之，佛教認為世上的現象是以空或無為前提，遵循著因果關係而發生，雖然如此人類卻對「長壽」等有所執著，故而產生痛苦——但凡理解這個真理的人皆可成佛（佛陀），這便是佛教的基本教義。

生活在佛教世界的人認為，正因為絕對的神並不存在，所以人類是自由的，可以讓精神層面更為富足。

這樣的差異在理解東方與西方宗教上，可以說是不可欠缺的要素。

所謂的因果 ＞ 此為佛教的思維，正如常說的「因果報應（種什麼因，得什麼果）」，凡事皆會出現呼應原因的結果。

國家的型態會隨著宗教與政治之間的「平衡」而改變

宗教國家

緊密！

政治　宗教

指政治與宗教一體化（政教合一），而宗教權力擴及世俗世界的國家。中世紀的歐洲與現代的伊斯蘭諸國，廣義而言，英國等國亦屬此類。

羅馬帝國「利用」宗教來統治國家

隨著宗教遍及民間，統治者便再也無法忽視宗教的力量。其中最顯著的例子便是羅馬帝國。

羅馬帝國的皇帝起初傾向於迫害拒絕崇拜皇帝的基督徒。然而，教徒的數量持續增加，再加上羅馬帝國隨著多次皇帝更迭等而削弱了國力，因此羅馬皇帝決定「利用」基督教來統御治理國家。313年，基督教獲得正式承認，後來又被認定為國教。

合一型

沙烏地阿拉伯　伊朗

中間型

英國　　　義大利

分離型

法國　　　　日本

除了政教嚴格分離的分離型與合而為一的合一型外，還有一種是中間型，即保障國民信教的自由，但在教育等方面會以特定宗教為優先，例如英國的英國國教會（由英國國王擔任首長）與義大利的天主教等。

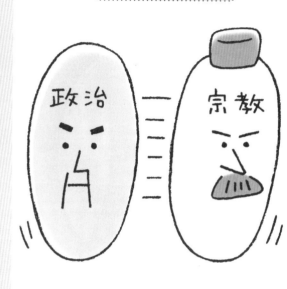

世俗國家

指政治與宗教分離（政教分離）的世俗主義國家。保障國民信教的自由，禁止強制任何宗教。法國與日本為代表例。

此外，羅馬帝國還擁有一套管束世俗社會的規範，即《羅馬法》。正如「出家」制度所示，基督教（天主教）是一門有神聖世界與世俗世界之分的宗教。換言之，以羅馬帝國的立場而言，不干涉世俗世界的基督教是很合乎需求的。

現代的國家統治也承繼了這種神聖與世俗的觀念。徹底執行政教分離的國家稱為世俗國家，將宗教定為國教的國家則稱為宗教國家。

所謂的出家 ▷ 主要是指佛教中捨棄世俗生活並在寺院中專注於修行的做法。廣義來說，天主教徒成為修士或修女並過著禁欲生活的也包括在內。

聖地、禮拜、規範與飲食……扎根於生活的宗教型態

世界的主要「聖地」

與創始者或聖人有淵源之地
佛教鼻祖佛陀的開悟之地菩提伽耶（印度），以及安葬第一任羅馬教宗聖彼得的聖伯多祿大殿（梵蒂岡城國）等。

菩提伽耶

奇蹟發生之地
聖母瑪利亞曾現身的盧爾德（法國），以及耶穌基督創造奇蹟，將水變成葡萄酒的加利利海（以色列）等。

盧爾德教堂

實踐「教義」之地
伊斯蘭教徒一生中必須朝聖一次的克爾白神廟（沙烏地阿拉伯），以及被視為猶太教象徵的哭牆等。

克爾白神廟

日本人也在無意識中落實宗教上的實踐

宗教自誕生以來，經過漫長時間傳承至今。遵循教義的行為與信仰上的實踐，也扎根於現代人的生活之中。就連普遍「無宗教信仰」的日本人也在無意識中過著具宗教色彩的生活，例如新年去寺廟參拜或是舉行佛教喪禮等等。

前往聖地朝聖是這類信仰實踐最典型的例子。所謂的聖地，是指因為信仰或是傳承而備受重

遵守「戒律」＝宗教上的「實踐」

飲食

每個宗教各有飲食上的規定，例如有許多素食主義者的印度教，以及禁止豬肉與酒精的伊斯蘭教等。

宗教上的實踐

社會

美國的基督徒已經多達人口的8成左右，不過又分為兩大派，即以保守派（福音派）為主的墮胎反對派與提倡女性權利的贊成派。

文化・習慣

有衣著與習慣上的規範，例如女性以頭巾遮髮的伊斯蘭教，以及週五日落至週六日落期間禁止勞動的猶太教等。

視的地方。每個宗教都有所謂的聖地，例如猶太教中的「哭牆」（耶路撒冷）。聖地的類型又可分為與宗教創始者或聖人等重要人物有淵源的地方、有「奇蹟」體驗等特別值得一提的事件發生之地，以及可以實踐「教義」的地方。

此外，遵從各宗教的戒律或規範也是一種宗教實踐。有些情況下，宗教對飲食與習慣也有嚴格的規定。

另一方面，因為不同教義或宗教觀所引發的衝突最後也有可能演變成社會問題，這樣的情況並不少見。

所謂的盧爾德 為1858年聖母瑪利亞現身之地。據說位於大教堂的「盧爾德聖泉」所湧出的水有治癒絕症的功效。

如何貨幣化？宗教與經濟密不可分的關係

宗教的貨幣化

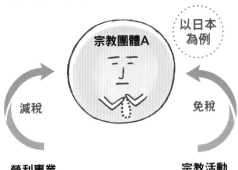

以日本為例

宗教團體A

減稅 ← → 免稅

營利事業

物品販售、房地產經營、出版事業等即屬此類。都市中有不少出租寺院周邊土地的案例。針對這類營利事業所課的法人稅稅率設定得較低。

宗教活動

來自信徒的布施與捐獻是免稅的。因此信徒愈多，營運就愈穩定。護身符的販售與墓地租賃等也是免稅的。

宗教會隨著經濟發展而擴大

經濟是宗教不能忽視的一個問題。到底，宗教是如何籌集資金的呢？

在德國等地，有一種基督教為了籌措教會經費而徵收的教稅，但日本沒有，不過宗教法人所經營的事業可享免稅（宗教活動）或減稅（營利事業）之類的稅制優惠。

舉例來說，販售神籤或墓地是免稅的，出版刊物或房地產事

業則可以減稅。

這類經濟與宗教之間有著密切的關係。當國家的經濟開始成長，國民就會為了尋找更好的工作而移居都市。然而，經濟發展往往也會擴大貧富差距。不僅如此，從地方的社區型社會來到都市，應該也有不少人會感受到孤獨。這便是宗教登場的時刻。當人因為宗教信仰而忘卻孤獨，之後就會產生「希望拯救更多正在煩惱的人」的想法。日本戰後出現新宗教，以及新教近來在巴西等中南美洲廣為傳播，皆可以此相關。

觀點加以解說。

然而，進入經濟成熟期後，宗教的作用會開始減弱。有一說法指出，歐洲的基督教與日本的新宗教近年來都有衰退的趨勢，背後原因皆與這些經濟問題息息相關。

經濟發展

我要到都市找份好工作！

人口流入都市

只有一部分的人荷包滿滿。真希望有朋友……

擴張期

貧富差距擴大

有很多人理解我！

入教人數增加

成立宗教政黨，向世人宣揚理念！

○×黨

從事政治活動

所謂的教會稅　指在國家的許可下，基督教教會對教友徵收的稅金。德國等地皆採用此制，課徵所得稅的8～10％。

宗教滅亡!?

經濟發展

▼

經濟達到成熟

▼

社會產生變化

● 科學技術進步
● 追求現世利益
● 盛行SNS

遲早會逐漸世俗化!?
宗教的生命週期

不斷擴張的伊斯蘭教
最終也會滅亡!?

近年來，伊斯蘭教與新教（福音派）皆有擴張之勢。不過這種趨勢應該不會持續下去。正如日本在經濟迎來成熟期後便開始出現宗教退潮一樣，**人們預期宗教的影響力會逐漸減弱（世俗化）**。伊斯蘭教與福音派也不例外。實際上，據說在伊朗這個經濟持續成長的伊斯蘭國家中，也有許多人偏好歐美流行的時尚，還會想辦法鑽漏洞使用政府禁止的SNS。到了經濟成熟的階段，宗教的向心力就會減弱，並漸漸走向滅亡……，這可說是諸多宗教必經的生命週期吧。

所謂的世俗化 這是一種社會的演進過程，指規範著社會或日常生活的宗教力量減弱，而逐漸轉為世俗型態。

Chapter 2

比一比就知道

5大宗教的全貌

本章節將宗教區分為「西方宗教」
（猶太教、基督教與伊斯蘭教）
與「東方宗教」（佛教與印度教），
逐一解析5大宗教的全貌。
針對從誕生到演變至現在的過程，
來探究各宗教的教義與實況。

「同一個神」的一神教

西方宗教的「神」與「救贖」之間的關聯

✡ **猶太教**

神與猶太民族
的契約

耶和華

阿拉

【聖典】
《塔納赫》
《塔木德》

有兩部聖典，分別為由律法《妥拉》等所構成的《塔納赫》，與以口傳律法彙整而成的《塔木德》。

【聖典】
《古蘭經》
《聖訓》

有兩部聖典，分別為宣揚對唯一真主「阿拉」的絕對皈依等的《古蘭經》，與先知穆罕默德的言行錄《聖訓》。

唯一的神

三位一體

【聖典】
《舊約聖經》
《新約聖經》

有兩部聖典，分別為自猶太教承繼而來的《舊約聖經》，與記錄耶穌之言、復活及其門徒的傳教活動等的《新約聖經》。

服從

人類與
神的契約

☾ **伊斯蘭教**　　　✝ **基督教**

共通點很多的「兄弟宗教」

一般都說西方是一神教世界。西元前13世紀左右，希伯來人（猶太人）成立了猶太教，信仰唯一的神。此後又以分支的形式有了基督教與伊斯蘭教。

在這樣的背景之下，三大宗教之間雖然有些差異，例如猶太教認為只有與神訂立契約的猶太民族會獲救，而基督教認為只要信仰神，人人皆

所謂的口傳律法 指口耳相傳的律法，將律法學家等人對《塔納赫》（→P42）的解讀傳承下來。相對於此，《妥拉》（《摩西五經》）則稱為成文律法。

稱呼不同但 信仰著

西方宗教的生死觀 天堂與地獄

死後 伊斯蘭教

殉教者 吉哈德（聖戰）的殉教者被應許可上天堂。

伊斯蘭教徒 在現世中的善行與惡行皆會被記錄下來，要在墓中等待末日降臨。

非伊斯蘭教徒 在墓中受罰，等待末日降臨。

▼

末日降臨

天地某天會突然崩裂，死者會以生前之姿復活。

▼

最後的審判

▼

天堂or地獄

死後 † 基督教

基督徒 可上天堂享受至高的喜樂。

受洗前的幼兒等 前往位於天堂與地獄之間的地獄邊緣（靈薄獄）。

犯下輕罪的人 為了上天堂，必須先前往可淨化罪孽之地：煉獄。

非基督徒 下地獄受苦受難。也不能夠前往千年王國，必須等待最後的審判。

▼

千年王國

耶穌會復活，並創建一個可讓基督徒幸福生活1000年的王國。

▼

最後的審判

▼

天堂or地獄

可獲救等，但彼此間仍有許多共通之處。

舉例來說，三大宗教皆是信仰同一個神，連生死觀都是共通的，即天地是由神所創造，死後須經過最後的審判來決定該上天堂還是下地獄。

此外，三大宗教都有段遭受迫害的歷史，因此對殉教者都心懷敬意。

所謂的殉教 指為了貫徹信仰而喪命。一神教曾有過遭受迫害的歷史，所以對為信仰而死的殉教者都心懷敬意。

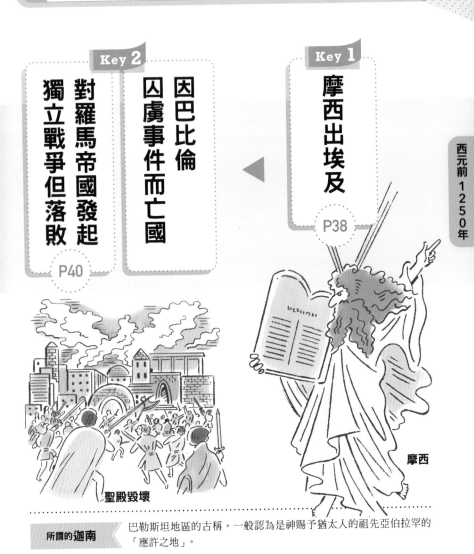

「重視律法」的
猶太教 ✡

Key 2

獨立戰爭但落敗
對羅馬帝國發起
因巴比倫
囚虜事件而亡國

P40

Key 1

摩西出埃及

P38

西元前1250年

◀

摩西

聖殿毀壞

所謂的**迦南**　巴勒斯坦地區的古稱。一般認為是神賜予猶太人的祖先亞伯拉罕的「應許之地」。

猶太教有段遭受迫害、離散的歷史。為了在嚴峻的情況下
維持民族的團結意識，便創造出嚴格的律法。
戰後雖如願建立了以色列國，仍與其他宗教持續對立。

史蒂芬·
史匹柏

奧斯威辛
集中營

Focus!

以色列
如願建國

P86

Key 3

一次次的迫害

P42

1948年

哭牆

大衛星

所謂的猶太復國主義 指猶太人於19世紀末在歐洲發起的一場國家建設運動。目標是在錫安（耶路撒冷、巴勒斯坦）建立猶太人的祖國。

猶太教

前往「應許之地」——

摩西在出埃及後領受了十誡

逃離敵軍的一行人遇上了奇蹟……

從巴勒斯坦遷移至埃及的希伯來人（猶太人），不斷遭受當地法老王的迫害。然而，西元前13世紀左右，摩西得到神的啟示後，便率領他們逃出埃及，前往「應許之地」迦南。遭到埃及士兵追趕時，摩西揮舞拐杖將海一分為二，一行人利用現於眼前的道路逃走後，大海又恢復原狀，埃及士兵葬身海底，這行人才平安無事地成功逃脫。

🔴 何謂摩西出埃及？

我們不要當奴隸！我們想逃離埃及！

前往應許之地迦南

移居埃及的希伯來人

以色列人民呀，一同前往迦南之地吧！

摩西奇蹟

在逃出埃及的途中面臨了許多苦難。摩西在離目的地只差一步的尼波山逝世，但一行人最終安全抵達了迦南。

所謂的摩西奇蹟 指摩西為了逃離法老王所派出的軍隊而於途中引發的奇蹟：劃開海水形成道路。

摩西在途中登上了西奈山（位於現今埃及境內），在該處領受了刻有「十誡」的石板，是與耶和華立下的契約。一行人在那之後繼續漂泊了約40年，摩西卻在抵達迦南之地前去世。因為這個緣故，摩西被視為猶太教中最重要的先知之一。

十誡中記錄著不承認耶和華以外的神，且禁止偶像崇拜等事項，奠定了一神教的基礎，為後來的基督教與伊斯蘭教所延續。

地中海
約旦河
死海
迦南
尼波山
摩西逝世
逃出埃及
埃及
尼羅河
西奈山
十誡
摩西奇蹟
紅海

📍 摩西在西奈山上領受的十誡

1. 我是你們的神，除了我以外，不得尊崇其他的神。
2. 禁止偶像崇拜。
3. 不得任意說出神的名字。
4. 工作6天，第7天應為了祈禱而休息。
5. 應孝敬父母與祖先。
6. 不可殺人。
7. 不可姦淫。
8. 不可偷竊。
9. 不可做偽證。
10. 不可奪取鄰人的房子。

亞伯拉罕是…… 以色列人的祖先，為第一位先知。被視為不會違逆神的命令的虔誠信徒而受人信仰，在猶太教、基督教與伊斯蘭教中被視為信徒的榜樣。

猶太教

面臨多次逆境

巴比倫囚虜與聖殿毀壞所帶來的影響

因為幾經磨難而走向重視戒律的宗教

西元前10世紀左右，猶太人建立了以色列王國，並於所羅門王時期建造了第一聖殿。然而所羅門死後，分裂出猶大王國。後來兩國皆遭到征服，猶大王國的猶太人被新巴比倫國王帶到巴比倫囚禁，作為俘虜（巴比倫囚虜）。

隨著新巴比倫王國垮台，猶太人也獲得解放。西元前6世紀左右，於遭毀壞的第一聖殿遺址

猶太民族在出埃及之後的境遇

地中海

以色列王國

耶路撒冷

所羅門王時期的希伯來王國

猶大王國

西奈半島

西元前66年～

復興後的猶大王國（哈斯蒙尼王朝）對羅馬帝國發起獨立戰爭但落敗

重建的第二聖殿遭到破壞

西元前722年

以色列王國

遭到亞述帝國侵略

西元前586年

猶大王國

遭到新巴比倫王國侵略

西元前10世紀左右

以色列王國繁榮一時建造第一聖殿

所羅門王死後，出現分裂

北：以色列王國
南：猶大王國

所謂的流散　流散（Diaspora）在希臘語中意指「被分散的人事物」。指在巴勒斯坦之外離散而居的猶太人。

建造了第二聖殿，西元前2世紀左右以哈斯蒙尼王朝之姿迎來興盛期。然而，好景不常，因為羅馬帝國的干預，自66年起爆發了獨立戰爭。◆猶太人在此戰爭之後便開始離散而居，進入流散時期。

猶太人將這樣的「逆境」解讀為「是因為我們違背上帝的緣故」。再加上聖殿毀壞，猶太教認為加強虔誠度＝忠實地遵從戒律，逐漸強化了「重視法律」的性質。

📍逆境Ⅱ　聖殿毀壞

西元前66年

在巴比倫囚虜事件發生之際遭到破壞的第一聖殿。在同一地點重建的第二聖殿（現在的哭牆）也被羅馬帝國摧毀。

📍逆境Ⅰ　巴比倫囚虜

西元前586年

征服者新巴比倫國王將住在猶大王國的猶太人帶到巴比倫（現今伊拉克南部）囚禁，迫使他們過著奴隸生活。

就是信仰不夠堅定才會面臨苦難。我們必須更加虔誠才行。

既然失去了聖殿，就讓我們更加重視戒律吧！

所謂的 第二聖殿　歷經巴比倫囚虜事件之後，波斯國王居魯士二世允許重建，直到遭毀壞之前都是猶太教的信仰中心。「哭牆」是其現存外牆中的一部分。

猶太教

規範著生活的一切！

律法主義的根據為何？

由兩部聖典規定的猶太教律法

在猶太教中，遵守猶太法屬於一種信仰的實踐。該律法的依據正是兩大聖典：《塔納赫》與《塔木德》。

《塔納赫》是由《妥拉》（律法）、《先知書》（預言書）與《聖錄》（作品集）三大部分所構成。其中又以《妥拉》格外重要。相傳是先知摩西所寫，所以又稱為《摩西五經》，記載著神所訂下的戒律。

📍律法主義的依據① 《塔納赫》

《塔納赫》＝希伯來語聖經

INDEX

1. 律法　2. 預言書　3. 作品集

由三大部分所構成，律法記錄著神所訂下的戒律、預言書寫有救贖的方法等，而作品集則含括詩與規戒等。

- 於1世紀左右成為正典
- 由3部所構成，共39卷
- 格外重視作為律法的《妥拉》
- 基督教以《舊約聖經》的形式導入

▶《妥拉》（《摩西五經》）

創世記	天地創造與人類的歷史等
出埃及記	在摩西領導下逃離埃及的故事
利未記	禮拜儀式的規定與祭司的職責等
民數記	猶太一行人出埃及後漂泊約40年的紀錄
申命記	摩西對抵達應許之地的一行人提出的教誨

所謂的猶太會堂	進行聖經朗讀與解說的聚會場所。歷經流散後，作為教堂成為猶太人的禮拜中心。

話雖如此，西元前所寫的猶太教戒律應該很難直接應用於現代。因此，猶太教會由被稱為拉比（Rabbi）的律法學家來解讀《妥拉》或是口耳相傳的摩西教誨，再進行「較實用」的解說，《塔木德》便是這樣形成的。

📍《塔木德》比其他聖典更容易實踐，收錄了許多也適用於現代商業人士的金句。

《塔納赫》與《塔木德》成了律法的依據，決定了安息日等的習慣與食物規範等。

「拉比」猶如傳授《妥拉》的老師

精通律法的學者即稱為拉比，也成了猶太社區（ghetto）的領袖，會在猶太會堂裡朗讀律法或進行演講等。直到現代仍會在社會問題發生時，提出以聖典為準則的解決之策。

📍律法主義的依據②《塔木德》

《塔木德》

- 由多位拉比編撰而成
- 完成於5世紀左右
- 收錄源自摩西的「口傳律法」
- 內容較為實用

金句範例

有人比自己聰明時，保持沉默。

錢可以買到一切，唯獨買不到智慧。

可講述最多失敗談的人乃是最好的教師。

所謂的猶太社區 指中世紀歐洲強制猶太人居住的地區，建有圍牆，與四周隔絕開來。

猶太教

牛肉OK，起司漢堡卻NG!?

不可不知猶太教的飲食與習慣

日本的新年＝安息日!?　還有嚴格的食物規範

在猶太教徒的日常生活中，最重視的事項便是安息日與食物規範。

所謂的安息日，是指基於十誡中的「工作6天，第7天應為了祈禱而休息」所「禁止勞動的日子」。每週一次，從週五日落至週六日落期間，教徒通常會與家人一起祈禱，並圍著餐桌享用豐盛餐點。可說是每週都過一次日本新年。

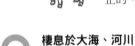

飲食

腳趾分蹄且能反芻的四足動物

豬與駱駝等動物皆不可食。使用豬肉或豬骨製成的湯汁與萃取物、使用脂肪的豬油等也是禁止的。

棲息於大海、河川與湖泊中且帶鰭與鱗的

除了帶鰭與鱗的魚之外，其餘的海鮮全都NG。花枝、章魚、蝦類與貝類也是禁止的。

未去血的食物

猶太教禁止食用血液。烹調牛肉的時候，必須徹底去血，帶血的熟度也是NG的。

乳製品與肉的組合

為了避免在胃裡相混，同一道餐點裡有肉料理與乳製品也是NG的。

※反芻：意指胃是分開來的，吃下的食物經過分解後會返回口腔內，再以別的胃來進行消化。

「kashruth」此一繁瑣的食物規範亦為猶太教的特徵。除非是腳趾分蹄且能反芻的動物，否則不得食用。不僅如此，還不能食用未完全去血的食物。此外，「胃裡同時有乳製品與肉」也是禁止的，所以牛排OK，起司漢堡卻是NG的。

或許有些人會認為這些規範「過於嚴格」，但對猶太教徒而言卻是一種信仰的實踐。若與猶太人聚餐，建議事先分享與食物或店家有關的資訊等。

習慣

度過安息日的方式

週五日落
不能使用火與瓦斯等，所以要事先烹調好。

在家中慶祝
家人與親戚齊聚，向孩子講述祖先的艱苦事蹟等，以此確保信仰的虔誠。

結束儀式
接近安息日尾聲時，點燃蠟燭來結束儀式。

男性應前往猶太會堂
教徒皆須聚集於猶太會堂進行禮拜。

飯前的祈禱
於飯前進行祈禱，圍著餐桌而食。大多會擺滿一整桌豐盛的佳餚。

安息日的禁止行為範例

- 搭車
- 下廚
- 使用電、瓦斯與火
- 播種（農業）
- 寫超過2個字

何謂基帕（Kipa，Kippah）？

猶太教徒的男性所戴的小帽子，是為了表示對上天（神）的敬意。有些人平日就會戴，有些人只在前往猶太會堂等神聖之所才會戴。

所謂的正統派　指嚴守戒律的群體，另有更加嚴格的超正統派。此外，也有較自由解讀戒律的改革派、保守派，以及幾乎不遵守的世俗派。

猶太教中的其中一派 ✝轉為**基督教**

Key 1

耶穌基督的
誕生與復活

P48

◀

摩西領受了
十誡

◀

西元前1300年

耶穌基督

摩西

所謂的耶穌的門徒 指在耶穌死後經營宗教團體的彼得、雅各與約翰等十二門徒。李奧納多・達文西的畫作《最後的晚餐》中也描繪了這些人。

基督教是現代世界中信徒數最多的宗教。
該教發源之時，曾有一場由耶穌發起的猶太教改革運動。
讓我們先來看看到《新約聖經》完成為止的過程吧。

保羅的傳教

Key **2**

完成《新約聖經》

P50

保羅的傳教

397年

李奧納多・達文西的
《最後的晚餐》

保羅是…… 長期迫害基督徒，經過一番悔改後，成為傳教士。在傳教旅程中增加了外邦信徒，卻在64年遭羅馬皇帝尼祿處決。

耶穌基督的誕生與復活

基督教

基督教成立於耶穌「死後」!?

在大多數的情況下，鼻祖的生平是透過教典或傳說等傳承下來的。耶穌亦是如此，目前並未發現表述其存在的同時代史料，《新約聖經》中的〈福音書〉是唯一的線索。

根據該內容所示，耶穌是瑪利亞所生的孩子。之後經歷了驅逐惡靈等奇蹟體驗，並逐漸加強對猶太教（律法主義）的改革運動，結果招致猶太教徒的反感，

耶穌的生平

聖母領報（A）

天使加百列降臨在瑪利亞面前，宣告她已因聖靈降孕而懷了耶穌。一般認為瑪利亞是在無男女性交的情況下受孕（處女懷胎）。

聖誕節＝耶穌生日是一種誤解!?

事實上，沒有任何一本福音書記載了耶穌基督的生日。基於當時羅馬帝國盛行密特拉教的冬至祭典，便將耶穌的生日訂為12月25日。

	主要事件	概要
西元前4年左右	聖母領報（A）	天使出現在已經與拿撒勒大衛家的若瑟訂了婚的瑪利亞面前
	誕生	出生於伯利恆（現在的聖誕教堂）
27年左右	洗禮	於旦河接受聖約翰的洗禮
	開始傳教（B）	在曠野中進行禁食時曾受到魔鬼的誘惑，但他加以拒絕，之後便開始傳教
30年左右	迫害	受到猶太教徒的迫害
	最後的晚餐	與門徒用餐時，預告門徒當中將出現一名叛徒
	受難（C）	因十二門徒之一的猶大出賣而被捕，被處以磔刑
	復活（D）	死後第三天，在多位門徒面前現身，並於40天後升天

所謂的法利賽人 掌握猶太教實權的一個派別，以徹底的戒律主義著稱，耶穌批判他們是偽善者。

48

因為反羅馬的嫌疑而被釘在十字架上。

然而，在其死後第三天，他的幾位門徒作證表示「耶穌已經復活並出現在眼前」。這個事件催生出一個信奉耶穌及其復活事蹟的團體：基督教。

一般都說「基督教始於耶穌的開創」，但基督教在耶穌生前更像是猶太教的其中一派。

更準確地說，應該是從十二門徒與保羅等門徒在羅馬帝國內傳播耶穌教誨（福音）的那個階段開始，就確立了基督教。

開始傳教（B）

耶穌接受約翰洗禮後，便開始在加利利海附近傳道：「悔改吧，天國已近」。

地中海　加利利海　拿撒勒　約旦河　耶路撒冷　伯利恆　死海

受難（C）

耶穌被扣上反羅馬的嫌疑而處以磔刑。他背負著十字架步行至各各他山，這段約1公里的路程被稱為Via Dolorosa（苦路）。

3天後……

復活（D）

耶穌在多位門徒面前現身。據說對門徒託付了向世界傳教的使命，並在他們面前升天。

施洗者約翰是…… 一名勸說人們坦承罪狀並悔改的施洗者。據說耶穌在展開獨樹一格的宗教活動之前，曾接受他的洗禮。和十二門徒中的約翰並非同一人。

基督教

教義的基礎與聖經的內容

與猶太教有何不同!?

《舊約聖經》與《新約聖經》有何不同？

如前所述，《舊約聖經》相當於猶太教的聖典《塔納赫》。基督教將其視為人類與神訂立的「舊契約」，命名為《舊約聖經》。

然而，兩教在解讀上有所不同。猶太教重視聖典中所示的律法，基督教則將其解讀為耶穌降臨的預言書，還將《耶利米書》（預言書）等視為「新契約誕生的預言」。

📍聖經①
承繼《塔納赫》的內容，編成《舊約聖經》

《舊約聖經》

- 承繼《塔納赫》的內容
- 「舊契約」＝《舊約聖經》
- 將其視為預言耶穌降臨的書

《塔納赫》中預言了耶穌的降臨！

先知耶利米預言了猶大王國的滅亡，以及即將與神訂立新的契約。

耳熟能詳的「原罪」是指什麼？

最早的人類亞當與夏娃違背了神的命令，偷偷吃下知善惡樹的果實。神將違反規定的兩人逐出了樂園，而為了要處罰他們，讓他們注定要勞動至死──基督教將果實解讀為性事的愉悅，而兩人所犯下的罪即為「原罪」，由全人類來背負。而後將其與「透過教會進行贖罪來獲得神的寬恕」的思維連結起來。

所謂的伊甸園 指亞當與夏娃生活的樂園。因違反神的命令吃下位於樂園中心區的「禁果」而遭驅逐。

以這類預言所構成的書籍即為《新約聖經》，是於３９７年集結而成的「新契約」。相較於《舊約聖經》是以猶太人的故事為主，《新約聖經》則是以耶穌的生平與教誨，及其門徒的傳教活動為重心。還包括積極對外邦人傳教的保羅所寫的書信，並於書末收錄了預示世界末日的《啟示錄》。

此外，《舊約聖經》中寫到「亞當與夏娃」的故事，之後被連結至「原罪」，這樣的解讀對後來的基督教造成莫大的影響。

聖經②
與神訂立的新契約《新約聖經》誕生

《新約聖經》

- 於4世紀完成目前的形式
- 共27卷
- 記載著耶穌的生平與教誨，及其門徒的傳教活動

- 將耶穌解讀為《舊約聖經》中所預示即將降臨的救世主（彌賽亞）

INDEX

1.《福音書》	由馬太、馬可、路加與約翰針對耶穌所做的紀錄。約翰是以耶穌的話語為主，其他3人則著重於耶穌的生平。
2.《使徒行傳》	主要是關於使徒彼得與保羅的活躍事蹟。
3. 書信	保羅的書信等，內容寫著關於基督教的教誨與救贖。
4.《啟示錄》	對末日將發生的事件做出預言性的描述。

《馬可福音書》是最早寫成的《福音書》，從傳說中彙整了耶穌的生平。之後馬太與路加又各自添加了獨有的資料，完成《馬太福音書》與《路加福音書》。內容相似的這3本書被稱為「共觀福音書」。

所謂的鄰人之愛　舊約與新約中皆有記載「鄰人之愛」。據說耶穌在與法利賽人的問答中回道：「對神與鄰人的愛才是最重要的。」

歷經迫害與分裂，進入
✝ 教會最強盛的時代

分裂為西方教會（天主教）與東正教會

Key 4
採納三位一體論

P56

Key 3
羅馬帝國的迫害與正式承認

P54

300年

聖父

聖子
基督 ——— 聖靈

三位一體論

52

基督教在歷經羅馬帝國的迫害與正式承認後，
不斷往世界擴大傳播。教會於中世紀迎來全盛時期，
另一方面又反覆召開大公會議，逐漸延伸並確立了教義。

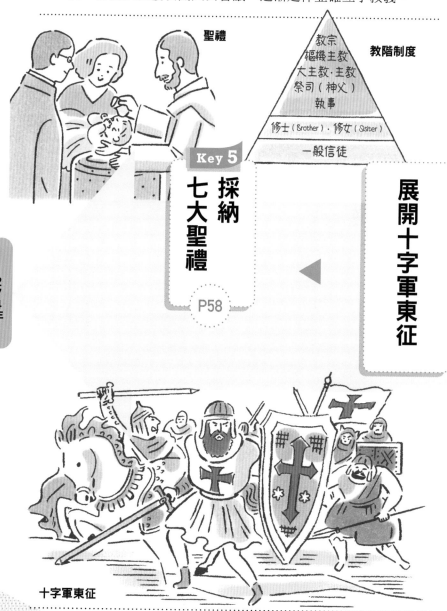

聖禮

教階制度

教宗
樞機主教
大主教・主教
祭司（神父）
執事

修士（Brother）・修女（Sister）

一般信徒

Key 5

採納七大聖禮

P58

展開十字軍東征

1274年

十字軍東征

所謂的十字軍 以「奪回耶路撒冷」為名義，被派往伊斯蘭王朝的士兵。宣布參加者皆可獲得贖罪券（免除罪愆），因此有許多信徒參加。

愛恨交織的情感—

成為羅馬帝國的國教，接著往世界宗教邁進

歷經迫害→成為國教→分裂，動盪的基督教

透過門徒的傳教，羅馬帝國中的基督徒日益增加。拒絕崇拜皇帝的基督徒後來遭到強烈的鎮壓。這些迫害後來催生出所謂的聖人敬禮，即將殉教者視為「聖人」來崇拜。一般認為聖人具有治癒疾病等創造奇蹟的力量，而其遺物或遺骨（聖髑）便成為崇拜的對象，於是各地教會開始供奉這些聖髑。

另一方面，隨著羅馬帝國國

羅馬皇帝的強烈鎮壓→成為國教

以羅馬皇帝尼祿（54～68年）與戴克里先（284～305年）所引發的大迫害尤為著名。

1 ～ 3世紀左右

- 基督徒增加
- 羅馬帝國國力衰退

殉教者成為「聖人」

除了殉教者之外，信仰對象還含括了十字架以及遺骨等聖髑。

因為聖俗分離而獲得認可!?

基督教（天主教）是一門主張世俗與神聖世界分離的宗教，因而可以與規範世俗的《羅馬法》共存。

392年

不承認其他宗教！基督教即為羅馬帝國的國教！

所謂的聖像禁令 ▷ 西方教會利用聖像向日耳曼人傳教，而東羅馬帝國皇帝利奧三世則是禁止聖像崇拜。

54

力衰退，皇帝開始思考拉攏基督教徒方為上策。如此一來，基督教於313年獲得正式承認，並於392年成為國教。

基督教因為成為羅馬帝國的國教而獲得信仰的保證，但另一方面卻也受到國家強大的影響。

實際上，**由於羅馬帝國開始東西分治，教會也分裂為東西兩派**。此後，東西教會之間的對立因為聖像與教宗地位等問題而愈演愈烈，於1054年宣布相互開除教籍，分裂為東方的東正教會與西方的天主教會。

羅馬帝國的分裂→分為天主教與東正教會兩大派

5世紀左右

自從395年開始分治後，西羅馬帝國將總部設於羅馬，東羅馬帝國則設於君士坦丁堡，東西之間的隔閡日漸擴大。

西方教會

- 羅馬教宗為絕對的權威
- 以拉丁語為主
- 利用聖像來傳教

東方教會

- 以君士坦丁堡的宗主教為最高權威
- 以希臘語為主
- 禁止聖像（暫時的）

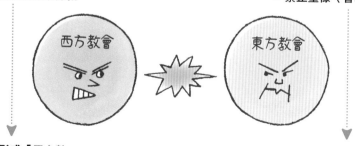

形成「天主教」，意味著普世教會

形成「東正教會」，意味著正統的教會

所謂的五大宗主教區 於耶路撒冷、君士坦丁堡與羅馬等5個地方設置了教會。這時期的羅馬宗主教相當於現在的羅馬教宗。

基督教

何謂信仰對象的三位一體？

耶穌是神？還是人？

為什麼教會的權威提高了？

羅馬帝國時期採用了「三位一體論」，也對後來的基督教造成影響。

4世紀中葉，阿塔納修派認為耶穌具有人與神的雙重性質，阿里烏派則主張神的唯一性，兩派彼此對立。經過一番爭論後，阿塔納修派成為正統，阿里烏派則被視為異端，「耶穌＝具備神的性質」成為正式的教義。甚至到了381年還採用了認為耶穌

📍 耶穌＝神!?「三位一體論」的思維

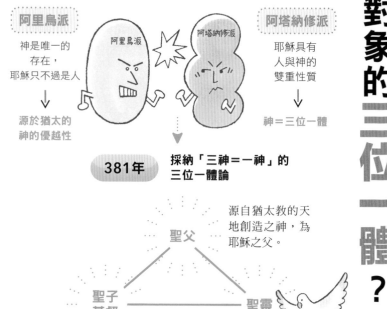

阿里烏派

神是唯一的
存在，
耶穌只不過是人

↓

源於猶太的
神的優越性

阿里烏派 阿塔納修派

阿塔納修派

耶穌具有
人與神的
雙重性質

↓

神＝三位一體

381年 採納「三神＝一神」的
三位一體論

聖父

源自猶太教的天地創造之神，為耶穌之父。

聖子
基督

聖靈

具有連結神與人的作用。在《路加福音書》中是以鴿子的形態顯現在耶穌的面前。

以上帝之子姿態現身的救世主。歷經受難與復活後重返神的世界。一般認為其具備神與人的雙重性質。

所謂的卡諾莎之辱 1077年，神聖羅馬帝國皇帝亨利四世懇求教宗格里高利七世赦免，撤回開除教籍的敕令。

和聖靈皆與神同性質的「三位一體論」。這種♥對「三位一體之神」的信仰成為基督教的普遍教義，亦為天主教、東正教會與新教的共通之處。

此外，到了中世紀，天主教♥還發展出一套包括教會組織等的「信仰體制」，建立以教宗為首的教階制度，其下依序為樞機主教、主教、祭司等。更進一步整合「七大聖禮」（→P58）為教徒專用的儀式。這一套以教會為中心的體制讓教宗的地位高於皇帝，並帶來後面的教會全盛時期。

♥ 到了中世紀，發展出一套「信仰體制」

教會

神聖羅馬帝國建立於962年。正如「神聖」二字所示，以守護天主教為其主要理念，最終讓教宗的地位高於皇帝。

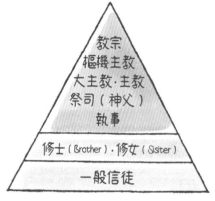

以教宗為最高點，其下為教宗的最高顧問樞機主教、管轄教會的主教、執行教會儀式的祭司，以及協助祭司的執事，在這樣的教階制度下，組織愈臻發達。

修道會

修道會是希望刻苦修行的人在「出家」後一起生活的地方。修士與修女的生活皆遵循「清貧、貞潔與順從」的準則。

所謂的道明會　是創建於13世紀的修道會，神學家多瑪斯·阿奎那所屬的團體。除此之外，重視托缽的方濟會與成立於16世紀的耶穌會等也頗為著名。

基督教

延續至現代的儀式：七大聖禮

電影中常見的「告解」是什麼？

基督教重視「改邪歸正」的原因

基督教雖然為一神教，在聖人敬禮等方面卻顯現出帶有多神教的性質。此外，《新約聖經》中所記載且眾多信徒期盼已久的耶穌再臨也遲遲未見實現。在這樣的背景之下，「改邪歸正」（承認自己的罪行並皈依於神的一種心境轉變）這種超越「矛盾」的體驗開始受到重視。基督教後來有人示範了如何透過改邪歸正而獲得救贖，此人即為奧古斯丁（354～430年）。

據其著作《懺悔錄》所示，奧古斯丁年輕時過著放蕩不羈的生活，信奉以善惡二元論著稱的摩尼教。某天，他在米蘭聽到鄰家的孩子說「你該讀讀」

《聖經》，實際閱讀之後，因福音書中所寫的那句「不應在肉慾上費心思」而感到震撼不已，並解讀為「這句話是對我說的」。奧古斯丁自此承認自己罪孽深重（告解＝懺悔）並接納上帝，從而獲得救贖。

奧古斯丁

所謂的摩尼教 鼻祖摩尼於3世紀左右創立的宗教。以善惡二元論為教義中心，曾盛極一時，但之後逐漸衰退。

創設於中世紀！基督徒所舉行的正式儀式

到了中世紀，人們開始整合像奧古斯丁改邪歸正這類具有儀式性的行為，並於1274年的第二次里昂大公會議中確立了正式的儀式。●基督教徒入教時以聖水淨身的「洗禮」、吃下麵包與葡萄酒便等同吃下分別代表耶穌的身體與血的「聖體」等等，由7項儀式所組成的這些儀式即稱之為聖禮（Sacrament）。

天主教至今仍承繼這些儀式，東正教會則將聖禮稱為奧蹟（Mysterion），意指機密，儀式名稱也有所不同，例如聖洗聖事（洗禮）與神品聖事（聖秩）等。順帶一提，之後會介紹的新教則只認同洗禮與聖餐（聖體）這兩種儀式。

●七大聖禮（Sacrament）

洗禮

使用聖水進行基督教的入教儀式

堅信禮
於洗禮後宣示信仰

聖體
吃下相當於耶穌「身體」的麵包

告解
懺悔自身的罪愆與過失，並懇求神的寬恕

聖秩
成為神職人員的儀式

婚姻
男女宣誓愛與忠誠，兩人成為夫妻

傅油禮
神父於信徒生病或臨終時在其額頭上抹油

所謂的麵包與葡萄酒　根據福音書所述，耶穌在最後的晚餐中告訴門徒，麵包與葡萄酒分別代表「我的身體」與「我的血」。

歷經宗教改革與革命，✝邁入近現代

Key 7
戰爭與革命頻仍

P64

Key 6
宗教改革與新教的誕生

P62

1500年

販售
贖罪券

所謂的異端審問　天主教為了懲罰異端者所設的審判，例如中世紀與15世紀以後在西班牙進行的審判等，其性質會因地點而異。

新教在宗教改革下登場。

然而，新舊教派的分裂對立在歐美引發了戰爭與革命。

讓我們來看看基督教發展至現代的過程吧。

法國大革命

現代

Key 8

進入日益
世俗化的現代

P66

主要從新教世界
開始發展資本主義

朝聖先輩

所謂的五月花號 | 清教徒（新教中的一派）於1620年從英國移居美國時所搭乘的船隻。
這些人被稱為Pilgrim Fathers（朝聖先輩）。

基督教

教會全盛時期的結束——

劇變的宗教改革與新教的誕生

販售贖罪券成了教會頹敗的決定性因素……

教會因為十字軍東征的失敗等而逐漸喪失影響力。販售贖罪券便是象徵其衰敗的事件。教會為了確保財源而販售贖罪券,宣稱只要購買就能在生前洗清自己的罪過而得以上天堂。

神職人員馬丁・路德以及約翰・加爾文都反對教會的這項政策。兩人皆主張《聖經》至上主義,並提倡對所有信徒一視同仁的「信徒皆祭司」。●相對於重的

●以「回歸聖經!」為口號的宗教改革

十字軍東征失敗
奪回耶路撒冷未果,教會的威信一落千丈。

世俗權力增加
愈來愈多人對教會的神聖性有所懷疑而與基督教保持距離。

決定性因素

販賣贖罪券

想上天堂就要買!

對立

無關乎行為,人因為信仰而得救!

路德派

加爾文派

路德派

加爾文派

《聖經》應為信仰的核心!

主張《聖經》至上主義、信徒皆祭司主義,以及人只會因為信仰而得救,無關乎善行。

宣揚更加徹底的《聖經》至上主義,與得到救贖的人是事先決定好的「預定論」。

亨利八世是…… 英格蘭國王。最初與教會和諧共處,後來出現對立而創立以英國國王為領袖的英國國教會。

視教會權威的天主教，在以具個人主義色彩的信仰為訴求的抗議（宗教改革）下，催生出了新教此一教派。新教各派中並不存在「為了服侍神而宣發終身誓願」這樣的體制，因而以不分聖俗的宗教形式於各地區廣為傳播。

另一方面，📍天主教也發起了以耶穌會（修道會）為中心的「反宗教改革」。其中一項改革便是加強海外傳教，耶穌會的傳教士方濟・沙勿略訪日也是改革的一環。

📍天主教也發起了「反宗教改革」……

①加強海外傳教
往美洲大陸與東亞地區展開積極的傳教，卻稱不上成功滲透。

教會確實有一點腐敗……但聖人與儀式的神聖性卻是無庸置疑的！

②重新確認教義
召開大公會議，重新確認教義。禁止了贖罪券，不變的是，依舊認為教會與聖人敬禮是信仰不可或缺的。

③與新教發生衝突
透過宗教審判等手段來加強對皈依新教者的管制。

最終也傳入日本

傳教士沙勿略來到日本後，日本才第一次接觸到基督教。據說信徒曾一度增加至約20萬人，主要是在九州地區，但是豐臣秀吉頒布的伴天連（基督教神職人員）追放令使其傳教受到限制。基督教直到明治時期才獲得正式承認，在此之前仍有信徒隱藏基督徒的身分繼續信教。

沙勿略現身日本！

烏利希・慈運理是…… 　與路德等人並列為宗教改革的關鍵人物。展開比路德更加徹底的《聖經》至上主義與聖像批判等。試圖在蘇黎世確立神權政治。

近代國家相繼誕生！

進入戰爭與革命的時代。各國踏上怎樣的路？

歷經宗教戰爭與革命，形成現代的宗教分布

宗教改革蔓延開來的16～18世紀，近代國家紛紛成立，再加上大航海時代開始向外拓展航線的背景，📍爆發了各種戰爭與革命，且主要發生在歐美地區。

舉例來說，波希米亞（當時屬於神聖羅馬帝國的版圖）的新教徒為了反抗對新教的鎮壓而紛紛起義，這些叛亂最後演變成一場宗教戰爭（三十年戰爭），瑞典與法國等地皆被捲入其中。在

📍16世紀以後頻頻爆發的「戰爭」與「革命」

荷蘭獨立戰爭

清教徒革命

胡格諾戰爭
法國大革命

美國獨立戰爭

三十年戰爭

除了三十年戰爭與清教徒革命之外，還屢屢爆發其他宗教戰爭與革命，例如發生在法國的胡格諾（加爾文派）與天主教之間的內戰「胡格諾戰爭」等。

所謂的英國國教會 又稱為盎格魯教會。始於亨利八世的離婚問題，於1559年由伊莉莎白一世所確立。

1648年的《西發里亞和約》中，以國際法規的形式，正式承認了加爾文派。

此外，以推翻君主專政等為目的的市民革命也紛紛出現。英國清教徒（＝加爾文派）革命被視為其先鋒。

清教徒為了推翻對天主教採取妥協態度的英國國教會與君主制而紛紛起義。甚至有一部分的人移居美國，藉此逐漸孕育出以新教為主的美利堅合眾國。

📍這些戰爭與革命可說是為基督教國家確立了往後的「道路」。

📍 現代基督教世界的教派分布

☐ 天主教
☐ 新教
☐ 東正教會

天主教

義大利、西班牙、法國與巴西等南美各國

英國國教會脫離了羅馬教宗的掌控，但繼承了天主教的儀式，定位介於天主教與新教之間。

新教	美國、北歐與澳洲

白人菁英階層一直以來引領著美國的政治與社會，又被稱為白人盎格魯—撒克遜新教徒（White Anglo-Saxon Protestants，簡稱WASP）。

東正教會	俄羅斯、希臘與中歐各國

希臘正教會等各地獨立且自治的教會（宗主教）皆是對等的，不像天主教那樣以一名教宗為首。

所謂的WASP

主要是指英國移民的子孫。整體來說，是反天主教且引領著美國的菁英階層，不過其影響力正逐漸減弱。

一目了然！

現代基督教教派的詳細比較

天主教與新教之間的差異

基督教徒占全球人口30%以上。天主教與新教是其中較多人信仰的教派。

兩者之間也可以看到許多共通之處，例如皆奉《聖經》為聖典，且相信三位一體等。另一方面，♥在日常生活與信仰上所重視的事物等方面卻存在著各種不同的差異。簡而言之，兩者之間的差異在於，天主教重視自古以來的傳統教義與以教宗為中心

♥ 天主教 & 新教的一問一答

天主教		新教
教宗	**最高領袖？**	無
以教宗為首的教階制度	**組織體制？**	信徒皆祭司（全員平等）
神父或祭司	**神職人員的稱呼？**	牧師
原則上是單身	**神職人員的婚姻狀況？**	自由
原則上是男性	**神職人員中是否有女性？**	有
有	**有無聖人敬禮？**	無
一般會説「去做彌撒」。有耶穌像，十分豪華	**是否上教堂？**	一般會説「去做禮拜」。較為簡樸
有（修士·修女）	**有無終身誓願？**	無
七大聖禮	**儀式？**	只有洗禮與聖餐（聖體）
重視善行	**獲得救贖的方法？**	重視信仰
禁止	**教徒的可離婚 & 再婚？**	自由（也有例外）
會	**是否會用手畫十字？**	有些人會，有些人不會

信仰虔誠的新教徒中，又以福音派對離婚最為嚴格。

「畫十字」可說是一種信仰告白。

66

的集權體制，相對地，新教則將《聖經》置於信仰中心且沒有教會制度。

如前所述，新教並沒有一套所謂終身誓願的體制。牧師是俗人，也沒有修道院等，因而比天主教更早與世俗世界和諧共存。這些差異明顯表現在經濟發展上（↓P116）。

此外，除了♥天主教、新教，再加上東正教會這幾個主要教派外，還有耶和華見證人等新宗教。

♥ 基督教教派的比較表

	天主教	新教	東正教會
概述	以教會（教宗）為中心，也會尊崇聖人	以《聖經》為中心，信徒皆祭司，禁止偶像崇拜	以《聖經》或聖傳為中心，有神祕主義的傾向
信徒數	約11億人	約4億5000萬人	約2億5000萬人
神職人員	祭司（神父）	牧師	祭司
聖地	聖彼得大教堂、耶路撒冷舊城區等	無	阿索斯山、謝爾蓋聖三一修道院等
最高領袖	羅馬教宗	無	宗主教
儀式	七大聖禮	只有洗禮與聖餐（聖體）	七大奧蹟
主要國家	義大利、西班牙、巴西與菲律賓等	荷蘭、美國、北歐各國與英國等	俄羅斯與東歐各國等

基督教體系的組織與教派

福音派（→P127）

- 忠實地遵從《聖經》
- 重視傳教活動
- 反對墮胎等
- 影響著美國政治

摩門教

- 總部設於美國的猶他州
- 成立於9世紀
- 奉《聖經》與《摩爾門經》為聖典
- 思想保守

阿米希教派

- 又稱為「重浸派」
- 主要由德國移民所構成
- 過著自給自足的生活
- 會進行集體禮拜

所謂的電視福音布道者 | 指在電視上宣揚基督教教義的人們。透過《聖經》的解說與對現代社會的批判等，對福音派的擴張很有貢獻。

伊斯蘭教的起源與教義

Key 1

穆罕默德領受
真主的啟示

P70

穆罕默德
移居麥地那
並征服麥加

600年

移居麥地那

大天使
吉卜利勒

伊斯蘭教的鼻祖穆罕默德是在7世紀初領受真主的啟示。
比起猶太教與基督教，伊斯蘭教的歷史尚淺，
讓我們配合其教義來看看它是如何形成的吧。

800年～

Focus!

編纂 《聖訓》

P74

Key 2

《古蘭經》於正統
哈里發時代成為正典

P72

所謂的**穆斯林**　指伊斯蘭教徒。在阿拉伯語中意指「皈依於真主的人」。女性教徒又
稱為muslima。

伊斯蘭教

與聖德太子同世代

商人穆罕默德領受了真主的啟示

出生於商人家庭，後來成為伊斯蘭教鼻祖

伊斯蘭教、猶太教與基督教同為一神教，差別在於對先知的看法。猶太教中有摩西等先知對人類發出警告，基督教則把耶穌視為構成三位一體的神，與先知有所區別。相對於此，伊斯蘭教承認耶穌等人為先知，但認為穆罕默德才是地位最高的最後一位先知。

一般認為 ♥ 穆罕默德是在570年左右出生於商人家庭。

♥ 鼻祖穆罕默德的生平

—— 領受啟示（A）

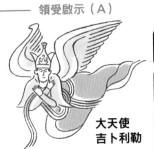

**大天使
吉卜利勒**

大天使吉卜利勒（加百列）出現在穆罕默德面前，傳授了最初的啟示。穆罕默德之後又接連領受了啟示，成為一名先知。

**穆斯林世界中的
「希吉來曆」是指什麼？**
儒略曆622年7月16日，穆罕默德從麥加聖遷（hijra，希吉來）至麥地那，這天即為希吉來曆元年的1月1日。這是1年有354天的陰曆。

	主要事件	概要
570年左右	誕生	出生於麥加，為商人之子
595年	結婚	與年長15歲左右的海迪徹結婚
610年	領受啟示（A）	在冥想中領受了來自真主阿拉的最初啟示
622年	移居麥地那（B）	受到迫害的穆罕默德一行人遷徙至麥地那
625年左右	力抗麥加軍隊	發生「武侯德戰役」與「塹壕之戰」，與麥加軍隊交戰
630年	占領麥加	占領麥加，統一阿拉伯半島
632年	逝世	於麥地那去世

※儒略曆：古羅馬儒略‧凱撒所採用的陽曆之一。

所謂的烏瑪 指信仰唯一真主阿拉的伊斯蘭教徒的共同體，目的是將其擴及全世界。

他在25歲左右與海迪徹結婚，從40歲左右開始在麥加附近的希拉山洞中冥想，有一名天使來到他的面前，傳授了真主的啟示。此後，穆罕默德便展開傳教活動，並與信徒一起遷徙（hijra，希吉來）。他奮力抵抗麥加軍隊，最終統一了阿拉伯半島並逐漸擴大勢力。

上述的這些事蹟當中，又以

📍**穆罕默德的遷徙具有格外重要的意義**。他在麥加領受的啟示即為麥加篇章，在麥地那獲得的啟示則稱為麥地那篇章，《古蘭經》便是由這兩大部分所構成。

現代沙烏地阿拉伯的周邊

升天
據說穆罕默德在建有岩石圓頂的地方升天，並抵達真主面前。

耶路撒冷

移居麥地那（B）
穆罕默德一行人在麥加受到迫害，於是搬遷到麥地那，建立了名為烏瑪的信仰共同體。

麥地那

麥加

📍麥加啟示＋麥地那啟示＝《古蘭經》

610～620年左右	620～630年左右	650年左右
遭到迫害時所獲得的啟示	組成共同體（烏瑪）後所獲得的啟示	
↓	↓	
帶有末世論色彩的內容 大力強調 來世的價值	較貼近現實的內容，宣揚信仰活動	由114章所構成的《古蘭經》成為正典
麥加啟示	麥地那啟示	

吉卜利勒是…… 在三大宗教中，與米迦勒並列的大天使。傳授啟示給穆罕默德，在基督教中則對聖母瑪利亞傳達聖靈降孕的消息。基督教稱之為加百列。

絕對聖典的內容為何？

聖典《古蘭經》與教義的全貌

《古蘭經》中所寫的內容為何？

穆罕默德在約20年期間所領受的神啟，都會由其門徒口頭傳授給信徒。然而，隨著時間的推移，解讀開始漸漸出現分歧。對此狀況看不下去的第三代哈里發奧斯曼便將這些內容化為正典，並於650年左右彙整為《古蘭經》。

● 《古蘭經》是由114章所構成。長篇放在前半部，愈後面篇幅則愈短。不同譯本對於

📍 《古蘭經》的內容為何？

《古蘭經》

- 一共114章
- 從長篇到短篇依序收錄
- 分為麥加啟示與麥地那啟示兩大部分

INDEX

第1章 開端	第6章 牲畜
第2章 黃牛	第7章 高處
第3章 儀姆蘭的家屬	⋮
第4章 婦女	
第5章 筵席	第114章 世人

摩西＆耶穌論

承認摩西與耶穌為先知，另一方面，卻認為他們未能正確理解啟示，而穆罕默德才是地位最高的最後一位先知。

婦女論

在古代的阿拉伯社會中，有時女嬰一出生就會遭到活埋。《古蘭經》則禁止這樣的行為，並進一步賦予婦女繼承權。

聖戰（吉哈德）論

基於在麥加遭受迫害的經驗而贊成防禦性戰爭。也有「起身對抗不相信末日的人」等字句，但意思是自我防禦以免遭受迫害。

所謂的哈里發　領導者，意指穆罕默德的繼承人。進入正統哈里發時代以後，倭馬亞王朝（→P82）等的君主皆以此自居。於1924年廢除。

《古蘭經》的內容解讀各異，例如第1章的開頭，伊斯蘭學家中田考先生的譯本是從「奉至仁至慈的真主之名」開始。此外，還記載著反對多神教、飲食與聖戰（吉哈德）等和行為規範相關的內容。

除此之外，穆罕默德的言行錄《聖訓》也被尊為第二聖典。

以《古蘭經》為基礎，並遵循《聖訓》、作為行為規範的六信五功，以及伊斯蘭教法的《沙里亞》（Shari'a）來生活——這可說是伊斯蘭教的基本信仰形式。

♥ 信奉阿拉＝保證獲得救贖

《古蘭經》	信仰＆行為規範	伊斯蘭教法
《聖訓》	六信五功	《沙里亞》
穆罕默德本身說過的話語皆彙整於《聖訓》中，被尊為僅次於《古蘭經》的第二聖典。	伊斯蘭教的規範。詳見下一小節。	依《古蘭經》與《聖訓》所訂立的真主法律。規定禮拜等皆為義務。

▼

來世可以通往樂園＝保證獲得救贖

「擷取有利之處」的伊斯蘭教

猶太教
- 嚴格的律法主義
- 聖俗合一
- 民族宗教

伊斯蘭教

基督教（新教）
- 無律法
- 聖俗分離
- 世界宗教

要維持共同體，律法是必要的。不過救贖之門還是會為每一個人而開。

所謂的聖書 以神啟匯集而成的書物。將居住在穆斯林世界的猶太人＆基督徒視為聖書之民，並認可其各自的信仰。

不可不知伊斯蘭教的飲食與習慣

六信五功與清真的內容

教義「條理清晰」是伊斯蘭教的特色所在

一般都說伊斯蘭教是個清晰易懂的宗教。這點體現在 以《古蘭經》為基礎的信仰及作為行動方針的「六信五功」上。

所謂的六信，是指6種信仰的對象。以絕對真主阿拉為首，還包括了天使與先知等。另一方面，五功則是指與伊斯蘭教徒的日常生活息息相關的行動，諸如禮拜、齋戒與朝聖等皆屬此類。

一提到齋戒，通常給人一種苦行

📍「應該相信的事」＝六信
　「應該執行的事」＝五功

六信

1. 神（真主阿拉）　信奉創造天地的唯一真主（阿拉伯語中稱為阿拉）。一般認為宇宙的秩序皆為阿拉意志的展現。

2. 天使（孔雀天使）　意指向穆罕默德傳授啟示的天使吉卜利勒等聖靈般的存在。一般認為是真主從光中創造出來的。

3. 聖書（kitāb）　意指《古蘭經》，記錄著真主透過天使所傳達的啟示。

4. 先知（nabi）　將真主的旨意傳達給人類的存在。一般認為穆罕默德是第一個正確理解啟示的先知。

5. 來世（ākhira）　相信現世結束後，最後的審判終將到來。會根據生前的所作所為下達審判，決定將前往樂園（天堂）還是地獄。

6. 預定（qadar）　人類的生命是由真主預定的。因此，包含命運在內的所有自然界現象皆是按照真主阿拉的意志發生的。

五功

1. 證信（Shahadah）　以阿拉伯語念誦「萬物非主，唯有真主；穆罕默德，是其使者」，藉此表明信仰。

2. 禮拜（Salah）　日出前、正午、日落前、日落後與就寢前，1天5次，朝著麥加的方位進行禮拜。

3. 齋戒（Sawm）　在伊斯蘭曆中的齋戒月（Ramadan）期間，從日出到日落為止，成年男女皆須斷絕一切飲食。

4. 天課（Zakat）　自發性地捐款並用於救濟窮人與戰死者的家屬，也有稅收的含意。

5. 朝聖（Hajj）　在伊斯蘭曆的12月7～13日期間，世界各地的信徒會到麥加朝聖。

的印象，但伊斯蘭教中並不具修行的要素。齋戒並非持續愈久愈好，重要的是將其視為五功的一環並確實地執行。

朝聖（朝覲）是伊斯蘭教徒一生中必須進行一次的義務。朝聖者會在位處麥加中心的克爾白神廟四周繞行7圈，再巡迴其他各處。以此方式完成朝聖的人即稱為「朝聖者（Hajji）」，會受到眾人的尊敬。

像這樣明確指示信仰與行動的方針，應該就是伊斯蘭教能在世界上持續擴張的原因之一。

習慣

Zakat與Sadaqah，兩種天課的差別

除了義務性的天課（Zakat）之外，還有一種是自發性施捨給窮人等的Sadaqah。這是基於「世上萬物皆為真主所有」的思維。

1天進行5次禮拜

1天5次，朝著麥加的方位進行禮拜，念誦讚美真主的話語等。

齋戒也帶有節慶要素

相當於伊斯蘭曆的9月。這個月從日出至日落為止要進行齋戒，齋戒月結束之後，親朋好友會齊聚一堂，舉辦盛大的慶典。

所謂的蘇非主義　伊斯蘭教的其中一派，相對於重視齋戒與朝聖等行動的主流派，此派較重視精神層面。帶有神祕主義的色彩，也很常被視為異端。

伊斯蘭教法《沙里亞》中，具體規定了伊斯蘭教徒應遵守的事項。

《古蘭經》與《聖訓》是伊斯蘭教的絕對依據，也是《沙里亞》的基礎。

然而，該如何應對犯罪與飲食禁忌等在穆斯林世界中所發生的問題，解讀則會因人而異。因此，對於正典中沒有明確記載的事項，後來都由穆斯林共同體的共識（Ijma）或法學家所進行的推論（Qiyas）來決定方向。

順帶一提，伊斯蘭教的法學家被稱為烏理瑪，他們會發出法

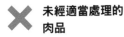

飲食

酒精

禁用會令人酩酊恍惚的酒精。酒類自不待言，還要避免使用味醂等含有酒精成分的調味料。

豬肉與取自豬的產品

禁吃豬肉是因為豬被視為不潔的動物。豬肉與培根自不待言，還禁用取自豬的豬油與高湯。而且必須避免使用處理過豬肉的烹調器具。

未經適當處理的肉品

也禁止把帶血的東西放進嘴巴。必須格外留意肉與魚的去血作業，烹調時則應注意是否煮熟等。

特瓦（Fatwa，裁決）來指示該如何解決社會問題等等。另一方面，伊瑪目則須管理清真寺，並負責誦讀《古蘭經》。

在伊斯蘭教法中有各種與信仰、買賣與日常生活相關的法律規定。除了規定禮拜與齋戒為義務之外，還記載著食物的規範。食材與烹調方式皆為伊斯蘭教法所「許可」的食物，即稱為「清真（Halal）」，日本近年來也有愈來愈多外食店有供應這類清真食品。

其他

嚴禁偶像崇拜

不僅是真主阿拉，就連穆罕默德像也不能作為崇拜的對象。這便是為什麼清真寺內部都是寫著《古蘭經》裡的文字，或是使用美麗的磁磚加以裝飾。

週五的集體禮拜

對伊斯蘭教徒而言，週五是集體禮拜的日子。於中午左右聚集在清真寺進行禮拜是一種義務。而在穆斯林世界中，週五大多是假日。

狗是不潔的生物!?

狗在穆斯林世界中被視為不潔的生物。可能是因為這個緣故，穆斯林世界的貓頗受敬愛。

教堂與清真寺有何不同？

伊斯蘭教徒進行禮拜的地方即稱為清真寺。一般會有一個用以表示麥加方位的凹洞，名為「米哈拉布（Mihrab）」；不會像天主教教堂擺設聖龕等神聖之物。

所謂的伊瑪目　伊瑪目有時又稱為「伊斯蘭教神職人員」，不過伊斯蘭教是聖俗合一的宗教，所以不存在遠離世俗世界的神職人員。

歷經分裂，邁向世界宗教
☪ 延續至現代的變遷史

Key 4

伊斯蘭帝國的起源

P82

Key 3

出現了分支什葉派

P80

鄂圖曼帝國稱霸地中海

西元前 650 年

阿拉伯人

其他民族

哈里發阿里

穆阿維亞

穆斯林世界在正統哈里發時代出現了分支什葉派，
王朝在更迭的過程中版圖逐漸擴大。讓我們一起
追溯至現代為止的這段歷史吧！

鄂圖曼帝國的
蘇萊曼一世

伊朗革命的領袖
何梅尼

Focus!

耶路撒冷的現況

P86

伊斯蘭復興後的現代

伊斯蘭各國紛紛獨立

現代

所謂的蒙古帝國 蒙古的成吉思汗於1206年創建的帝國，統治著橫跨歐亞大陸的廣大
地區。以對宗教普遍採取寬容政策而聞名。

伊斯蘭教

哈里發與伊瑪目有何不同?

因繼承問題而分裂出什葉派

為什麼會分裂出什葉派?

穆罕默德去世後,在伊斯蘭共同體的協商下,選出阿布·巴克爾作為哈里發。此後又歷經制定伊斯蘭曆的歐瑪爾與命令編撰《古蘭經》的奧斯曼,隨後由第四代的阿里就任。經由協商所推選出的這4人又稱為「正統哈里發」。

然而,在阿里就任哈里發之際,遭到了與奧斯曼同屬倭馬亞家族的穆阿維亞大力反對。此後

📍 兩大宗派分裂的過程

穆罕默德去世後

▼

632～661年

- 在烏瑪的協商下推選出哈里發
- 相繼推選出4人,巴克爾為首任
- 往中近東擴張版圖

▼

第四任哈里發阿里與倭馬亞家族的穆阿維亞形成對立

> 哈里發應該改為倭馬亞家族的世襲制!

> 身為穆罕默德直系後代的我才是哈里發。

穆阿維亞 VS

哈里發阿里

與第三任哈里發奧斯曼同屬倭馬亞家族,認為奧斯曼遭刺殺是阿里主導的。

為穆罕默德的堂弟兼女婿。後來遭暗殺。相當於什葉派的第一任伊瑪目。

⟶ **分裂為遜尼派**

⟶ **分裂為什葉派**

所謂的瓦哈比派　遜尼派的其中一派,為沙烏地阿拉伯的國教。重視《古蘭經》與聖行(Sunnah,穆罕默德的言行)。

便分裂出認同阿里的子孫為「伊瑪目」（領袖）的什葉派，其餘的則被稱為遜尼派。遜尼派占多數而什葉派占少數，這樣的結構一直持續到現在。

兩派在教義方面並無太大分歧，只是出於前面所述的背景而所不同。

對「穆罕默德的繼承人應該是哈里發還是伊瑪目」的見解有所不同。

什葉派只認同阿里及其子孫為伊瑪目，不承認倭馬亞王朝以後就任的哈里發。

哈里發？伊瑪目？兩大宗派的差異

- 大約占伊斯蘭教徒的9成
- 承認歷代哈里發
- 伊瑪目＝包括哈里發在內的所有領袖。在教徒的協商下推選出來的
- 1天進行5次禮拜

- 大約占伊斯蘭教徒的1成
- 伊瑪目＝阿里及其子孫（中途隱遁起來）
- 又為了伊瑪目的繼承問題而進一步分裂出十二伊瑪目派等
- 將2次併為1次，1天進行3次禮拜

兩派在現代的分布

什葉派

遜尼派

主要的兩大宗派中也各有分派，不過地圖是依照這些國家中遜尼派或什葉派何者為多來標示。以有「遜尼派盟主」之稱的沙烏地阿拉伯為首，埃及、蘇丹、敘利亞與土耳其等國以遜尼派為多。另一方面，以伊朗為首，伊拉克、黎巴嫩與葉門則多為什葉派。

所謂的十二伊瑪目派 什葉派中的最大宗派，也是伊朗的國教。奉穆罕默德的血親阿里為第一任伊瑪目，並認可其父系後裔12代皆為伊瑪目。

在世界各地擴張中！

延續至現代的伊斯蘭教廣為傳播

從阿拉伯帝國轉變為伊斯蘭帝國

穆阿維亞於661年所創建的倭馬亞王朝，與同樣由遜尼派於750年所建立的阿拔斯王朝有很大的不同。倭馬亞王朝是一個優待阿拉伯人的國家，唯獨阿拉伯人被列為免稅對象，對其他民族則課徵吉茲亞（jizya，人頭稅）與哈拉伊（kharaj，地租）。相對於此，阿拔斯王朝則是一視同仁，只要是穆斯林，不分種族，一律課徵吉茲亞（jizya，土地稅）。不僅如此，前面所述的伊斯蘭教法也是在阿拔斯王朝時代確立。💡從「阿拉伯帝國」轉變為「伊斯蘭帝國」，確立了以穆斯林為中心的統治國家。

穆阿維亞於661年創建的倭馬亞王朝，與同

就連統治的地區都逐漸從中近東擴展至中亞與北非。其統治的埃及與希臘等皆為古代文明繁盛之地，也因此讓伊斯蘭教的文明有所發展。

結果伊斯蘭的學問、火藥與砂糖等便在十字軍東征之際「進口」至歐洲。此外，伊斯蘭教也經由穆斯林商人逐漸傳播至東南亞。

席捲歐洲的鄂圖曼帝國

此後，在歷經了蒙古帝國的統治，以及印度建立蒙兀兒帝國，波斯建立薩非王朝，終於確立了伊斯蘭王朝，到了15世紀左右，鄂圖曼帝國開始崛起。屬於遜尼派的💡鄂圖曼帝國在穆罕默德二世（1451～1481）時期占領君士坦丁堡，消滅了拜占庭帝國（東羅馬帝國）。不僅如此，在

所謂的吉茲亞　主要針對成年男性課徵的稅金。在倭馬亞王朝即便改信伊斯蘭教，只要不是阿拉伯人就要課稅。

從優待阿拉伯人轉為開放的宗教

倭馬亞王朝……「阿拉伯帝國」

即便是穆斯林……

阿拉伯人 不平等≠ 其他民族

免稅　　　　　　　　　　　　　　吉茲亞與哈拉伊

阿拔斯王朝以後……「伊斯蘭帝國」

只要是穆斯林……

阿拉伯人 平等＝ 其他民族　　非穆斯林

吉茲亞　　　　　　　　　　　　　　吉茲亞與哈拉伊

蘇萊曼一世（1520～1566）的統治期間還稱霸了整個地中海地區等，成為歐洲各國的一大威脅。

鄂圖曼帝國對異教徒採取了寬容政策，以避免領土內的宗教對立。不對非穆斯林課徵人頭稅，而是容許每個宗教在共同體「米利特（millet）」內享有自治權。據說有許多逃離迫害的猶太教徒因此流亡至鄂圖曼帝國。

從鄂圖曼帝國滅亡
邁向發起伊斯蘭復興運動的現代

此後，鄂圖曼帝國的勢力隨著近代化的推進而逐漸衰退。在第一次世界大戰中戰敗後，蘇丹制與哈里發制遭廢除，伊斯蘭帝國長久以來的統治就此告終。歷經英法的統治，敘利亞與伊拉克等阿拉伯國家紛紛於1920年代獨立。這些國家在近代化與宗教的世俗化上似乎也有所進展。

然而，急遽的近代化政策卻擴大了伊斯蘭各國

所謂的收復失地運動　天主教從718年開始對伊比利半島展開國土收復運動（Reconquista）。1492年，隨著伊斯蘭帝國奈斯爾王朝的格拉納達淪陷而告終。

的貧富差距。民眾的不滿不斷地累積，於1979年爆發了伊朗革命（→P132），這是以領袖何梅尼為中心的十二伊瑪目派所主導的。這次促進了

📍「伊斯蘭復興運動」，試圖從追隨歐美國家腳步轉而回歸伊斯蘭教的教義。在此過程中，一部分的教徒變得過於激進。包含2001年在美國同時發生的多起恐攻在內，一直到現在恐怖攻擊事件依然不斷。

近年來，相對於人口趨於減少的已開發國家，伊斯蘭各國的人口反而持續增加。因此，以歐洲為主的穆斯林移民也日益增加。在某些地區，基督教文明與伊斯蘭教文明持續對立或分裂的情況也不算少見。

📍鄂圖曼帝國崛起～現代的主要議題

13～18世紀

鄂圖曼帝國的全盛時期

1453年，鄂圖曼帝國占領了君士坦丁堡，後來改名為伊斯坦堡。1538年在普雷韋扎海戰中擊敗西班牙與威尼斯的聯軍，獲得地中海的制海權。此外，伊斯蘭教也往東南亞擴張，1526年於印度建立了蒙兀兒帝國。

19～20世紀

鄂圖曼帝國的衰退＆滅亡

伊斯蘭帝國瓦解，許多阿拉伯國家紛紛獨立。另一方面，英國在鄂圖曼帝國分裂之際簽訂了兩份密約，同時認同猶太人與阿拉伯人於巴勒斯坦建國。這種互相矛盾的外交手法埋下了之後中東戰爭的導火線。

現 代

伊斯蘭復興運動日益活絡

整體來說，穆斯林世界在二戰之後持續近代化與世俗化，但是自從伊朗革命以來，伊斯蘭復興運動日漸活絡。伊朗與美國的對立日益加深，最後爆發兩伊戰爭（代理人戰爭）。一時間，激進派所引發的恐怖攻擊活動也層出不窮。

所謂的 蘇丹制　主要是指鄂圖曼帝國中最高君主的地位。在鄂圖曼帝國全盛時期還兼具哈里發的地位。早在廢除哈里發制之前就已於1922年廢除。

西方三大宗教比較表

宗教	猶太教	基督教	伊斯蘭教
信徒數	約1500萬人	約23億人	約14億人
起源	西元前13世紀左右	1世紀左右	7世紀左右
鼻祖	無特定人物	耶穌	穆罕默德
成立	先知摩西在西奈山上與神立約（十誡）後而成立	相信先知耶穌即為彌賽亞（救世主）的門徒所成立	領受神啟的先知穆罕默德及其門徒所成立
類型	民族宗教	世界宗教	世界宗教
信仰對象／稱呼	耶和華	三位一體	真主阿拉
教義	遵守律法並遵從神的教誨	相信救世主耶穌的復活事蹟	皈依真主阿拉並透過六信五功的實踐來獲得救贖
末世觀	死後會經由最後的審判來決定上天堂（樂園）還是下地獄		
聖典	《塔納赫》與《塔木德》	《舊約聖經》與《新約聖經》	《古蘭經》與《聖訓》
聖地	耶路撒冷（以色列）	耶路撒冷、梵蒂岡與聖地牙哥康波斯特拉等	麥加、麥地那與耶路撒冷等
教派	正統派、保守派與改革派等	天主教各派、新教各派與東正教會各派等	遜尼派各派與什葉派各派等
宗教設施	猶太會堂	教堂	清真寺
入教方式	基本上僅限猶太人	接受洗禮儀式	進行信仰告白（清真言）
偶像崇拜	禁止	天主教與東正教會允許	禁止
安息日	週六	週日	週五
飲食規範	按照kashruth（食物規範）的規定	基本上沒有	按照清真（Halal）的規定

※會因教派或立場而異

西方三大宗教

三大宗教皆涉及的耶路撒冷問題為何？

聖地聚集於約1平方公里內!?

為何三大宗教皆定其為聖地？

📍 耶路撒冷對三大宗教而言是相當重要的聖地。首先是猶太教，《舊約聖經》（→P39）裡面寫到，先知亞伯拉罕照神的命令，用自己的兒子以撒來獻祭。神看到他這樣的態度，便認可他的虔誠之心。神測試亞伯拉罕信仰是否虔誠的這個地方（岩石），正是建造耶路撒冷聖殿之處（哭牆）。

另一方面，對基督教而言，

📍 與耶路撒冷相關的主要事件

	宗教	與耶路撒冷相關的主要事件
西元前1000年左右	猶太教	大衛王將其設為首都
西元前950年左右		所羅門王建造了第一聖殿
西元前930年左右		以色列王國分裂，成為南方猶大王國的首都
30年左右	基督教	耶穌在各各他遭處決
70年	猶太教	聖殿遭羅馬帝國破壞
336年	基督教	羅馬帝國建立了聖墓教堂
638年	伊斯蘭教	在正統哈里發時代占領了耶路撒冷
692年		於倭馬亞王朝時期建造了岩石圓頂
1099年	基督教	在第一次十字軍東征時占領了耶路撒冷
1187年	伊斯蘭教	埃宥比王朝奪回耶路撒冷
1929年	猶太教 伊斯蘭教	發生「哭牆暴動事件」
1948年	猶太教	宣布以色列建國
	猶太教 伊斯蘭教	爆發第一次中東戰爭
2017年	猶太教	前美國總統川普宣布耶路撒冷為以色列的首都

中東戰爭

以色列（由美國支持）與巴勒斯坦（由阿拉伯各國支持）之間的戰爭。第四次中東戰爭期間的石油危機也波及到日本。

對川普的反彈

川普突然宣布耶路撒冷為以色列的首都。此一宣言重挫了中東的和平協議，引發國內外的批評聲浪。

所謂的巴勒斯坦地區 ▷ 指西亞的地中海沿岸地區。有些情況下是指由約旦河西岸地區與加薩走廊所組成的自治區。

耶路撒冷是耶穌死亡與復活的地方。據說各各他（聖墓教堂）有一座耶穌的墳墓。

此外，伊斯蘭教認為，神測試亞伯拉罕信仰的地方正是穆罕默德升天的地方。穆罕默德在天上遇到亞伯拉罕與摩西等人後，再次返回耶路撒冷。之後，伊斯蘭教徒在穆罕默德升天的岩石處建蓋遮覆的屋頂，稱之為「岩石圓頂」。

📍這些聖地皆集中於耶路撒冷的舊城區，各派教徒的居住區皆被劃分開來。

📍耶路撒冷市區的簡易地圖

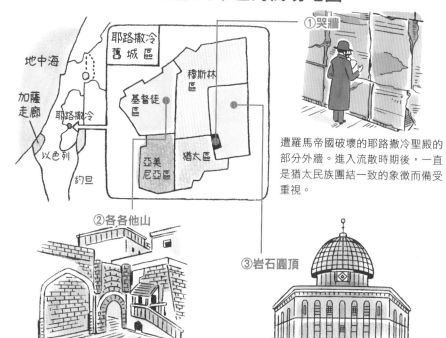

①哭牆

遭羅馬帝國破壞的耶路撒冷聖殿的部分外牆。進入流散時期後，一直是猶太民族團結一致的象徵而備受重視。

②各各他山

耶穌遭處決的地方。君士坦丁大帝於4世紀下令興建「聖墓教堂」。教堂的中心區有個稱為「aedicula」的小型建築，據說是埋葬耶穌的地方。

③岩石圓頂

創建於692年的倭馬亞王朝時代。穆罕默德騎著天馬從麥加飛至耶路撒冷。一般認為岩石圓頂便是他後來升天的地方。

所謂的哭牆暴動事件 1929年，有部分猶太人在哭牆前用歌曲歌詠以色列國，此舉刺激了阿拉伯人。於是在巴勒斯坦展開對猶太社區的襲擊。

重要宗教：婆羅門教

印度與宗教的歷史

西元前10世紀	婆羅門教	雅利安人入侵印度之後所創建。重視祭祀儀式與苦行。		
西元前5世紀	印度教	婆羅門教吸收印度本土的信仰元素後，形成印度教。	佛教、耆那教	佛教在西元元年前後不斷擴張，不過因為印度教勢力崛起等因素而逐漸衰退。
15世紀		伊斯蘭教進出錫克教		
現代	約8成的印度人都被歸類為印度教			

婆羅門教的聖典《吠陀》

舊 → 新

1. 《吠陀本集》（Saṃhita）
2. 《梵書》（Brāhmaṇa）
3. 《森林書》（Āraṇyaka）
4. 《奧義書》（Upaniṣad）

狹義而言，只有《吠陀本集》被認定為《吠陀》。此外，從西元前6世紀左右開始編撰的《奧義書》中，講述了輪迴與梵我一如的思想。

奠定了東方思想的基礎

印度教與佛教誕生於印度，而婆羅門教這門古老的宗教對東方這兩大宗教產生了巨大的影響。婆羅門教是在印度河流域文明衰退後，由西方入侵印度的雅利安人所創造出來的。

婆羅門教是信奉各種神祇的多神教。隨著婆羅門教的逐漸滲透，祭祀儀式變得比眾神更受到重視。結果以祭司階級・婆羅門更受到重視。

所謂的瓦爾納制度 由婆羅門、剎帝利（貴族）、吠舍（平民）與首陀羅（奴隸）所構成的身分制度。後來發展成種姓制度（→P108）。

孕育出輪迴與解脫的

東方宗教的生死觀　輪迴與解脫

承繼自婆羅門教的思想① 輪迴

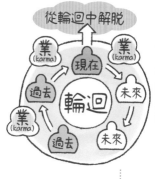

輪迴的思想是，一個人生前的所作所為會累積成karma（業），並依此來決定死後轉世的去處。唯有透過修行而體悟②梵我一如的人，才能擺脫輪迴，獲得解脫。

雖然今世的身分較為艱苦，或許可透過善業的累積，投胎轉世為較好的身分……

身分制度（種姓制度）的維持

與佛教輪迴的差別

婆羅門教認為個人是有實體的，不過以「空與無」為根本的佛教則認為，領悟「無我」的境界才是解脫之道。

承繼自婆羅門教的思想② 解脫

該如何擺脫令人恐懼的「輪迴」？

透過修行來「領悟」真理

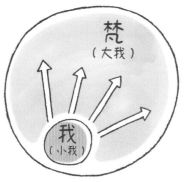

梵我一如

宇宙的根本原理「梵（Brahman）」與個人的本質「我（Ātman）」是一體的。一般認為到了領悟這個真理的階段，宇宙與個人便會合而為一。

羅門為尊的身分制度「瓦爾納（Varna）」於焉產生。

不僅如此，還於西元前6世紀左右完成了聖典《吠陀》，孕育出東方的兩大思想基礎，即生前的行為「業（karma）」來決定死後轉世去處的「輪迴」，以及透過悟道所獲得的「解脫」。

所謂的《吠陀本集》　由《梨俱吠陀》（讚歌）、《娑摩吠陀》（歌詠）、《耶柔吠陀》（祭詞）與《阿闥婆吠陀》（咒句）四部經典所構成。

89　　Chapter2 比一比就知道5大宗教的全貌

佛陀的「開悟」與 ⊕佛教的起源

西元前600年

Key 1
喬達摩・悉達多的誕生
P92

Key 2
悉達多得到開悟並進入涅槃
P94

廣傳印度全境

佛陀

佛陀開悟

所謂的涅槃 ⟩ 指開悟，或是釋迦牟尼等佛陀（已開悟的人）的死亡。因為解脫而從煩惱中脫離的境界。

東方人對佛教都很熟悉。喬達摩‧悉達多（釋迦牟尼）
得到「開悟」而成佛，此即佛教的起源。
在此介紹釋迦牟尼的生平與佛教的教義。

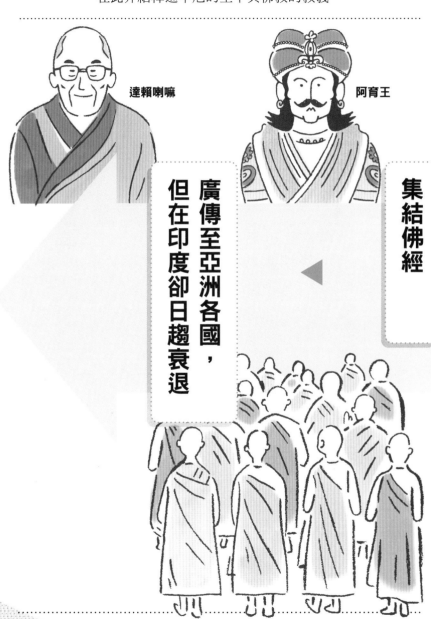

達賴喇嘛

阿育王

集結佛經

廣傳至亞洲各國，
但在印度卻日趨衰退

阿育王是……　印度第一個統一王朝孔雀王朝的國王。以達摩（dharma，佛法）治
國，是名虔誠的佛教徒。其對斯里蘭卡採取的傳教政策廣為人知。

在菩提樹下「頓悟」喬達摩・悉達多誕生

富裕王子成為佛教鼻祖的歷程

後來成為佛教開山鼻祖的喬達摩・悉達多是在西元前6世紀左右誕生，為釋迦族的王子。他過著富裕無虞的生活，並於16歲時結婚。

然而，喬達摩・悉達多開始思索生老病死等世界的苦難，於29歲時下定決心出家，並遵循婆羅門教的做法展開苦行的修練。

不過，📍釋迦漸漸覺得透過持續的苦行並無法悟道，於是

📍 於35歲時「頓悟」的悉達多的生平

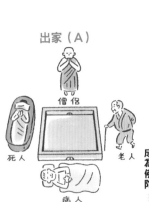

出家（A）

僧侶

死人　老人

病人

據説釋迦出城後，在東門遇見老人，在南門看到病人，在西門撞見死人，在北門偶遇僧侶，他由此察覺到這世間充滿苦難，於是下定決心出家。

成為佛陀

	主要事件	概要
0歲（西元前660年～）	出生	出生於現今的印度與尼泊爾附近，取名為「喬達摩・悉達多」
16歲	結婚	與耶輸陀羅公主結婚
29歲	出家（A）・苦行（B）	目睹世俗的苦難而出家。此後6年不斷要求自己進行苦行
35歲左右	開悟（C）	結束苦行後，在菩提樹下冥想，進而開悟
	初轉法輪	對5名同行者進行第一次的講經（初轉法輪）
	組成僧團	組成超過1000人以上的僧團
	祇園精舍	商人須達多捐贈「祇園精舍」作為寺院
80歲	圓寂（D）・涅槃	在拘屍那揭羅的沙羅雙樹下進入涅槃

所謂的大乘經　西元元年前後，隨著大乘佛教廣為傳播而編撰的經書之總稱，包括《般若心經》與《法華經》等眾多經書。

脫離婆羅門教，改為在菩提樹下冥想，而該處正是他悟道之處。

一般都稱這之後的釋迦為佛陀。

佛陀後來到各個地方傳教，在返回故鄉的途中，於沙羅雙樹下逝世。一般將佛陀的死視為徹底從輪迴中解脫，都說「他已經進入涅槃」。

在比較佛教與一神教時，佛陀的這些生平事蹟與悟道經驗具有十分重要的意義。換言之，一神教宣揚皈依於神便能獲救，但佛教則將「每個人都能因為心境的成熟而得到解脫」作為教義的根本。

圓寂（D）

佛陀勤勉地傳教長達約45年之後，在前往藍毗尼的途中，在弟子的守護之下圓寂。

開悟（C）

他在菩提樹下冥想。在克服煩惱後，終於悟道。此後，人們皆稱其為佛陀。

苦行（B）

他進入了苦行林，刻苦地進行禁食等苦行，卻覺得靠苦行並無法悟道。

具代表性的佛經為何？與聖典有何不同？

《般若心經》

此為以短文著稱的經書。裡面詳實記載著「空」的思想等為了達到悟道的本質。

《法華經》

具代表性的經書之一。宣揚包含在家眾與女性在內人人平等、所有人都能成佛的思想。

集結佛經後，將其劃分為三大類，分別是「經藏」（佛陀的教義）、「律藏」（僧侶的生活規則）與「論藏」（僧侶對教義的解說），此謂為「三藏」。之後也曾發生宗派分裂等，產出無數的佛經，但並不存在如一神教般絕對的「聖典」。

所謂的 鹿野苑 位於現今印度的東北方，是佛陀第一次進行「初轉法輪」（宣說佛法）的地方，當時是以一同修行的5人為講經對象。為佛教聖地之一。

緣起、中道、四諦八正道……

佛陀開悟的內容為何？

人生充滿生老病死等苦難，但是可以透過個人的心境變化來克服──這便是佛陀所頓悟的內容的本質。

根據佛教的說法，這些苦難的原因在於對金錢的欲望與對他人的憎恨之類的「煩惱」。

為了消除人生的煩惱，必須打從心底意識到所謂的「無我」與「無常」，前者是指「自己」這個會感到痛苦的實體並不存在

📍 佛陀的教誨＝佛教的基礎教義

1. 闡釋天地萬物的「定律」　緣起

天地萬物皆可用因緣生起的過程來說明！

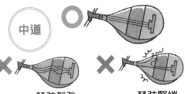

緣　因　生起

這個教誨是表示，世上的現象都是由直接原因的「因」與間接原因的「緣」所形成（生起）。只要找出痛苦的原因，便可從煩惱中解放出來。

2. 闡釋修行的「程度」　中道

琴弦鬆緊恰到好處的琴彈出的聲音才悅耳。

中道

✕ 琴弦鬆弛　　✕ 琴弦緊繃

如婆羅門教般過於嚴苛的苦行或是享樂的行為，都無法讓人達到開悟，應該在介於兩者之間的狀態下勤勉地修行。

所謂的圓寂　　幾乎與涅槃同義，指消除一切煩惱的狀態。此外，以佛陀（成佛）為目標而努力的人則稱為菩薩。

（空），後者則是指世界會不斷反覆形成與滅亡，並無永恆不變之物。佛教提倡只要這麼做，任何人都能得到解救。

📍 佛陀的弟子將佛教的教義逐漸系統化。

舉例來說，以「緣起（因緣生起）」來闡釋苦難等的發生機制；以「中道」為目標，而非奉行苦行或享樂主義，以求達到開悟的境界；以「四諦八正道」來進行開導和指引，透過了解世間真理（四諦）與正確的生活和方式（八正道）來消除痛苦等等。

---

3. 闡釋真理與實踐方式 ｜ **四諦八正道**

這世上的苦難（生老病死）

▼

通往開悟所須理解的 4個真理（四諦）

苦諦	集諦	滅諦	道諦
人生充滿苦難，無法事事如意	苦難源自於欲望與執著（煩惱）	消除造成痛苦的原因「煩惱」，才能達到涅槃的境界	有具體的方法可以達到涅槃的境界

通往開悟所須實踐的 8個方法（八正道）◀

正見	正思維	正語	正業
意識到無常，並以正確的觀點來看待事物	以正確的道理來思考並認識天地萬物	避免說謊或口出惡言，使用純正淨善的語言	行事端正，不做殺生或姦淫之事

正命	正精進	正念	正定
過著正直且健全的生活	努力持續行善	屏除邪念，正確地接納佛陀的教誨	透過正確的冥想來集中精神

所謂的十二緣起 — 以12個階段來呈現痛苦發生的過程。第一階段的無明（對無常等的無知）會引發第二階段的行（業），進而產生苦難。

☸ 從印度傳到亞洲 延續至現代的**佛教型態**

在印度漸衰退

◀

Key 4
密教的誕生
P100

◀

Key 3
分裂為
大乘佛教與
上座部佛教
P98

曼荼羅

大乘佛教的
集大成者
龍樹

所謂的曼荼羅　密教中用以呈現其真理與悟道境界的圖紋（繪畫），以「胎藏界曼荼羅」與「金剛界曼荼羅」較著名。日蓮宗的本尊也被稱為「大曼荼羅」。

佛陀圓寂後，佛教一再分裂。
在印度日趨衰退的佛教，在亞洲卻廣為傳播。
讓我們來看看佛教發展到現代的歷史與佛像的世界吧。

三藏法師

Key 5

佛像的傳播，進入現代

P102

在亞洲趨普及

現代

空海

| 所謂的**五戒** | 在家眾應遵守的戒律。具體來說，應遠離殺生、偷盜、邪淫、妄語與飲酒這五種行為。 |

97　　　Chapter 2. 比一比就知道 5 大宗教的全貌　佛教

日蓮宗與淨土宗的起源與誕生！

上座部與大乘有何不同？

不必出家也能成佛的大乘佛教

西元前3世紀左右，佛教分裂為重視戒律的上座部與以傳教為重心的大眾部。這些宗派又進一步分化（部派佛教），最終形成

▶上座部佛教與大乘佛教兩大流派。

▶ 大乘佛教如其名所示，大乘意指「巨大的交通工具」，提倡救濟眾生。因此，累積修行便可成佛這種基本想法並沒有改變，但是認可眾生信仰「如來」

📍 分裂為保守派＆進步派→傳入亞洲

西元前300年左右

上座部 **VS** 大眾部

必須嚴格遵守戒律！

讓戒律多一點靈活性又有何妨……？

西元前200年左右

進一步分裂為約20個派別

西元元年前後

上座部 **VS** 大乘

出家並靠個人開悟是唯一途徑！

在家眾也可以達到佛陀的境界！

「南傳佛教」之一，傳往東南亞

「北傳佛教」之一，傳往東亞

讓大乘佛教蓬勃發展的「天才思想家」

緣 ◀━━▶ 起

天才思想家龍樹強調天地萬物皆為「空」，並主張「緣起」（P94）並非「緣→起」這樣單一的方向，而是互相依存，不會獨立存在。這樣的思維成了大乘佛教的理論支柱，認為連出家與否的執著都應該捨棄。

所謂的六波羅蜜 指施予（布施）、遵守戒律（持戒）、忍耐（忍辱）、努力（精進）、靜心（禪定）與了解事實（智慧）的六種修行。

與「菩薩」可獲得解脫，主張在家眾也能成佛。

實際上，又衍生出淨土信仰與法華信仰等。前者認為透過念誦「南無阿彌陀佛」，藉由積極借助菩薩等他力即可前往極樂淨土；後者則認為眾生皆可獲得救贖，並視經書本身為信仰對象。它們各自踏上一條有別於上座部佛教的道路。

後來，上座部佛教成為南傳佛教的主流，往南傳入斯里蘭卡與緬甸、泰國，而大乘佛教則成為北傳佛教的主流，往北傳入西藏、中國與日本。

📍大乘&上座部佛教　徹底比較

	上座部	大乘
修行目的	憑己之力達到開悟境界（解脫）	透過利他的行為來救濟眾生
可獲得解救的對象	出家修行的人	所有人
非僧侶的宗教行為	對僧侶布施等	向如來或菩薩祈禱
生活	以托缽為主	也接受捐獻
最終理想	阿羅漢（達到最高的悟道境界）	成佛
修行方法	實踐戒律	實踐六波羅蜜
信仰對象	釋迦牟尼	釋迦牟尼、如來、菩薩等
經書	《三藏》（經藏、律藏與論藏）	《般若心經》、《法華經》與《阿彌陀經》等

冥想？托缽？僧侶的生活

托缽

這是一種修行，以手持缽，念誦著經文，乞求食物或金錢上的布施。

冥想

這是一種修行，目標在於忘卻日常生活中的欲望以求達到「無」的境界。

勤行

主要是合掌、誦經等宗教實踐。

所謂的小乘佛教　上座部佛教中勢力最大、名為「說一切有部」的派別，「小乘」是大乘所給的稱呼。上座部這方不會自稱為「小乘佛教」。

透過圖像來理解悟道過程!?

印度佛教的最終型態：密教

同為密教，內容卻截然不同？

當大乘佛教蓬勃發展之際，同一時間印度教也在印度崛起。

📍以復興佛教為目標，融合了印度教的在地信仰，於是有了密教的誕生。

密教在初期階段並沒有一套系統化的教義，是念誦神祕真言「陀羅尼」的一種信仰型態。到了中後期，逐漸形成系統化的教義，編撰出《大日經》與《金剛頂經》等經書，還孕育出呈現密

密教誕生→傳進日本與西藏

初期（4～5世紀）
受到婆羅門教曼怛羅（Mantra，咒語）的影響而成立，透過念誦真言「陀羅尼」來祈求現世利益。

中期（6～7世紀）
將大日如來的講經內容編撰成密教經書，有別於收錄佛陀講經內容的大乘經書。完成《大日經》與《金剛頂經》後，便孕育出各式各樣的曼荼羅。

①曼荼羅的誕生
主要以「胎藏界曼荼羅」與「金剛界曼荼羅」較著名。呈現出獲得解救與開悟的過程等。

②空海＆最澄的活躍
兩者皆於804年渡唐（中國），學習了密教後才歸國。中期的密教成為日本佛教的主流。

奉男性原理與女性原理合體的偶像歡喜佛（男女合尊）為信仰對象等，教義逐漸帶有官能上的色彩。

後期（7～8世紀）

何謂藏傳佛教？
後期的密教傳入西藏並蓬勃發展起來。尊崇稱為喇嘛的高僧，將其視為如來與菩薩等的化身。有寧瑪派、噶舉派、格魯派與薩迦派四大宗派，由達賴喇嘛14世擔任法主的格魯派為最大流派。

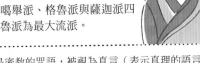

所謂的陀羅尼 梵語為dharani，是密教的咒語，被視為真言（表示真理的語言、佛的語言）。

教世界觀的曼荼羅，以大日如來為中心描繪了諸尊。除此之外，

由天台宗的鼻祖最澄與真言宗的鼻祖空海引進日本的也是這種中期的密教。

然而，這並未阻止佛教在印度的衰退，到了後期反而更趨近於印度教。重視實踐勝於理論、以肯定的態度看待性的結合等，教義逐漸帶有官能上的色彩。這種後期的密教最終傳進了西藏，以藏傳佛教的型態逐漸發展。雖然同為密教，日本與西藏的教義卻有所不同，與上述的背景脫不了關係。

席捲亞洲！佛教的傳播路線

上座部佛教

於西元前3世紀左右經由南方傳入斯里蘭卡，之後又傳至泰國與緬甸等地。

大乘佛教

於1～7世紀左右經由北方傳入中國。之後又傳至越南，並經由百濟（韓國）傳至日本。

藏傳佛教

北傳佛教之一，也包括後期的密教（藏傳佛教）。於7世紀左右傳入西藏。

三藏法師的典範：玄奘之旅

玄奘把印度的佛典引進中國。於629年從長安（中國）出發，645年帶著600多部原著回國。除此之外，中亞出身的鳩摩羅什的譯本也名聞遐邇。

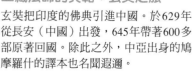

所謂的大日如來 ｜ 真言密教的教主，為具代表性的兩大曼荼羅——胎藏界與金剛界中的主尊。西藏是尊崇金剛薩埵等，將其視為超越大日如來的存在。

博大精深的佛像世界

如何區分如來與菩薩？

如來與菩薩之間究竟有何區別？

佛教與婆羅門教一樣，最初並沒有打造佛像。

關於最早打造出釋迦牟尼佛像的地方，有印度西北部的健馱邏國與印度中部的馬圖拉兩種說法，但尚不知明確的起源。一般認為是後來隨著大乘佛教的創立，而於2世紀左右開始廣為打造如來與菩薩等佛像。

首先是●諸佛中地位最高的如來，代表已開悟的存在，故表現出無欲的樸素外表為其特徵。例如代表佛教鼻祖釋迦牟尼的「釋迦如來」、透過阿彌陀信仰引導萬人開悟的「阿彌陀如來」，以及有能力救人脫離疾病的「藥師如來」等。

相對於已經得到開悟的如來，●尚未開悟的求道者則稱為菩薩。「觀音菩薩」一直以來廣受世人的信仰。觀音菩薩會化身為「聖觀音」、「千手觀音」與「十一面觀音」等各種形象來救濟世人。一般認為有這樣的「化身」，或像千手觀音般有很多手，是為了拯救更多民眾。除此之外，另有歷經56億7000萬年才降世的「彌勒菩薩」，以及會救人脫離地獄的「地藏菩薩」等。

●明王的地位則僅次於上述的如來與菩薩。

一般認為明王源自於密教，其存在是為了使那些不遵從佛教教義的人折服。因此特色在於以獠牙及睜睨的眼神展現憤怒的姿態。以「不動明王」、「愛染明王」與「孔雀明王」等較為著名。

所謂的**七福神** 於室町時代末期形成。由惠比壽、大黑天、毘沙門天、福祿壽、辯財天、壽老人與布袋和尚組成。

佛像的類型與區分方式

如來

- 源於釋迦牟尼的身姿
- 燙捲一般的髮型（螺髮）
- 樸素的服裝
- 大多坐在蓮花上
- 只有大日如來擁有華美外型

菩薩

- 裝飾品較多（地藏菩薩較樸素）
- 有時會侍立於如來的兩側
- 天衣從雙肩往左右兩側垂下

明王

- 表情令人畏懼
- 手持武器與蛇等
- 有時手腳數量等會不一樣
- 大日如來的化身

天部

- 源於印度教→成為佛的守護神
- 七福神也含括在內
- 有一些是半人半獸
- 類型豐富

七福神與印度息息相關的原因

在佛像的分類當中，♥天部的地位僅次於明王。天部含括了佛法的守護神「福德正神」等，其中大部分都是源自於古印度（印度教）的眾神。這些神祇經由絲路傳來時，都曾受到中國與日本宗教的影響。

舉例來說，被視為幸運神來信奉的七福神之一「大黑天」，便是由印度教的闇黑之神摩訶迦羅與神道教的大國主神調和而成。其他的七福神、「帝釋天」與「梵天」等也有受到印度的影響。

所謂的佛像配置　日本多將本尊置於中間，地位較低的佛像則擺兩側。東寺的立體曼荼羅是最佳範例：以大日如來為中心來擺放如來、菩薩、明王與天部。

印度文化的「基礎」： 印度教

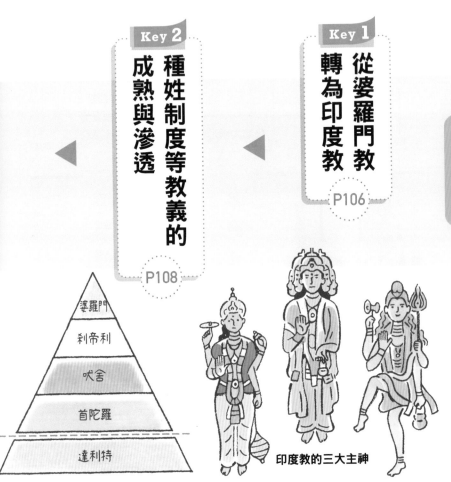

Key 2
種姓制度等教義的
成熟與滲透
P108

Key 1
從婆羅門教
轉為印度教
P106

印度教的三大主神

所謂的耆那教

鼻祖為筏馱摩那，是與佛教幾乎同時期誕生於印度的宗教。批判以祭司為中心的婆羅門教，以嚴格的不殺生教義為人所知。

印度教的宗教人口位居世界第三。
讓我們來看看種姓制度等教義的內容、教徒的習慣與飲食，
以及直到現代為止的歷史吧。

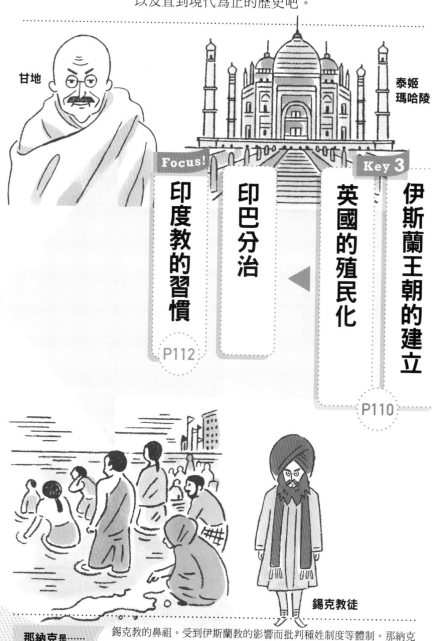

甘地

泰姬
瑪哈陵

現代

Focus!
印度教的習慣
P112

印巴分治

Key 3
英國的殖民化

伊斯蘭王朝的建立
P110

錫克教徒

那納克是……　錫克教的鼻祖。受到伊斯蘭教的影響而批判種姓制度等體制。那納克
纏著頭巾的形象由現在的錫克教徒承繼下來。

瑜伽？三大主神？

繼承了婆羅門教的教義全貌

印度教是一門什麼樣的宗教？

婆羅門教在西元元年前後趨於衰退，但是透過揉合在地信仰與佛教要素的形式又逐漸復興。為求方便，後來都將復興後的婆羅門教稱為印度教。

印度教承繼了古代的婆羅門教，並循序漸進地●確立了獨創的信仰體制，例如三大主神的信仰、成立更有系統的身分制度「種姓制度」等。另一方面，其終極目標和佛教一樣，都是要從

● 婆羅門教的「進化版」＝印度教

婆羅門教		印度教
以因陀羅與伐樓拿為主的眾神	諸神	以梵天、毗濕奴與濕婆的三大主神信仰為主
《吠陀》（→P88）	聖典	除了《吠陀》外，也很尊重《摩訶婆羅多》與《羅摩衍那》
瓦爾納制度	身分制度	建立種姓制度

作用各異的三大主神

毗濕奴　　梵天　　濕婆

包括將宇宙的根本原理・梵人格化後的梵天、負責維護世界並藉由化身出現在人間的毗濕奴，以及破壞新世界來引導世人的濕婆。

兩大「準經典」

摩訶婆羅多
羅摩衍那

《摩訶婆羅多》與《羅摩衍那》為敘事詩，完成於4世紀左右。描繪部族之間的戰爭等，毗濕奴的化身以「奎師那」（Krishna）之名出現在《摩訶婆羅多》中，在《羅摩衍那》中則以「羅摩」（Rāma）之名登場。信徒視其為神話，呈現出眾神與人的關係。

印度教的做法又區分為日常生活與宗教行為兩方面。

首先是日常生活，必須要依循「法」（dharma）、「利益」（artha）與「愛慾」（kāma）這人生三大目標來生活。接著是宗教行為，包括相當於佛教坐禪的瑜伽，以及對神絕對皈依的信愛（bhakti）等。

透過上述這些日常生活與宗教行為的實踐來尋求解脫（梵我一如），可說是印度教的基礎。

輪迴中解脫出來（→P.89），而

印度教所宣揚的解脫法
現世＝痛苦

日常生活

法（dharma）
遵循法論《摩奴法典》所制定的生活規範，該法典中記載著種姓制度、禮儀、例行活動，甚至是宇宙論。

利益（artha）
在不違反「法」的範圍內，透過政治與經濟來追求財富與財產等世俗的實際利益。

愛慾（kāma）
顯示出印度教是肯定愛與欲望的，優美的技藝等也含括在內。

宗教行為

信愛（bhaktī）
指對神的絕對皈依。隨在三大主神中所選信仰對象的不同，因而衍生出毗濕奴派與濕婆派等。

瑜伽（冥想）
相當於佛教中的坐禪。目的在於喚醒身體中沉睡的性能力，打開可謂能量來源的脈輪。

所謂的脈輪　chakra，輪子、車輪之意。從會陰至頭頂一共有7處，可透過打開這些脈輪來活化精神與肉體，調整好身心狀態。

延續至現代的種姓制度及其實況

職業為世襲？

為什麼種姓制度不會消失？

📍印度社會一直以來都施行一套由印度教所創立的種姓制度。其起源可以追溯至入侵印度的雅利安人，他們曾經根據膚色（瓦爾納）來區分屬於己方的白人（統治階級）與非白人（非統治階級）。而隨著混血的狀況增加，後來不再以膚色區分，而是改以身分來劃分，瓦爾納一詞則用來指稱這個制度。最上層是祭司階級婆羅門，其下依序是剎帝

📍代代相傳的種姓制度及其內容

**入侵古印度的雅利安人
所構思的身分制度**

▼

演變成優待婆羅門等統治者的制度

我們雅利安人是祭司，地位最高！

最初是雅利安人用來區分自己與德拉維達人。直到現代仍是執掌儀式的祭司或僧侶所屬的最高身分。

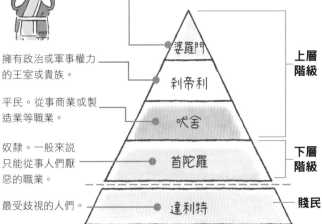

擁有政治或軍事權力的王室或貴族。

平民。從事商業或製造業等職業。

奴隸。一般來說只能從事人們厭惡的職業。

最受歧視的人們。

婆羅門

利帝利

吠舍

首陀羅

達利特

上層階級

下層階級

賤民

所謂的德拉維達人 建立印度河流域文明的民族，因為雅利安人的入侵而被征服或被驅趕到印度南方。

利、吠舍與首陀羅，最底層還有被排除在種姓制度外的達利特。

此外，各種身分可從事的職業也是固定的。因此職業成了世襲，連婚姻等也都是在同一種姓內完成。這樣的職業群體又稱為迦提（jāti），原意是「出身」。

由瓦爾納以及迦提所構成的種姓制度還♥結合了輪迴的思維，即在現世的階級中活得更好便可影響來世，藉此一直延續至現代。

2. 意指「出身」 迦提

只能與同階級的人通婚或同桌用餐，連從事的職業都是規定好的

▼

開始劃分出各種職業的群體

上層階級

下層階級

一般稱婆羅門、剎帝利與吠舍為上層階級。禁止跨階級通婚或同桌用餐，因而形成了依特定地區或職業來劃分的群體。這些群體稱為迦提，數量多達約3000類。

♥ 實況是!?現代社會的種姓制度

1950年制定的印度憲法中，禁止基於種姓制度的歧視行為。然而，根深蒂固的歧視依舊存在，不時仍可看到上層階級對下層階級的歧視與暴力事件登上新聞版面。另一方面，IT工程師是無論什麼階級都能從事的職業。實際上，印度正以IT強國之姿持續成長，也有不少人認為IT是打破種姓制度的希望。

所謂的佛教改宗 據說印度約8成的人口是印度教徒，不過隸屬下層階級的人中，改信伊斯蘭教或佛教的例子不在少數。

印度教

與其他宗教的交會──

伊斯蘭教橫空出世與英國的殖民化

印度與巴基斯坦分裂的原因為何？

中世紀至近現代，開始有其他宗教傳入印度。

📍 首先是穆斯林商人把伊斯蘭教帶入印度。遜尼派王朝蒙兀兒帝國建立於16世紀。伊斯蘭文化與印度文化在這段期間不斷融合，世界遺產泰姬瑪哈陵便是其代表性的建築。不僅如此，還衍生出以兩者融合發展為目標的錫克教。該教肯定輪迴轉世，但批判種姓制度。

📍 **與其他宗教的交會① 伊斯蘭教**

| 16世紀 | **建立伊斯蘭王朝蒙兀兒帝國** |

- 帝國統御印度全境
- 從融合轉為壓迫

- 以民眾為主的多數派
- 反抗皇帝的壓迫

在17世紀後半葉的奧朗則布皇帝時期，印度成了強大而穩固的伊斯蘭國家，開始壓迫印度教。

▼

| 16世紀 | **錫克教誕生** |

那納克創立了以印度教與伊斯蘭教的融合發展為目標的錫克教，具有強大的團結力，還開始反抗蒙兀兒帝國的壓迫。如今仍有不少人居住在從印度橫跨至巴基斯坦的旁遮普邦地區。

「融合」的象徵：泰姬瑪哈陵

1653年，於蒙兀兒帝國時期完成的陵墓。運用白色大理石建造而成。將清真寺建築、波斯建築與印度建築的要素融為一體，這項世界遺產展現出「印度與伊斯蘭文化的融合」。

所謂的非暴力、不合作 印度民眾抵抗英國的統治。一般認為是甘地放進了宣揚不殺生的耆那教思想。

此後，🔎英國展開的印度殖民統治取代了蒙兀兒帝國。基督教也自然而然地開始傳播。在接觸近代思想的過程中，印度開始出現社運人士，他們提倡廢除種姓制度，並進一步脫離殖民地的地位獨立。甘地帶領印度走向獨立，但他希望印度教與伊斯蘭教融合的心願直到最後都未能實現，而是分裂為信奉伊斯蘭教的巴基斯坦與信奉印度教的印度。翌年，甘地便遭到狂熱的印度教徒暗殺。

🔎 與其他宗教的交會②基督教

1600年 英國成立了東印度公司

- 展開殖民化
- 傳入基督教
- 英語普及
- 後來改為直轄統治

基督教　印度教

社會運動日漸活躍

展開反種姓制度運動的阿姆倍伽爾

印度獨立之父甘地的心願

1891年出生為賤民，後來通過考試取得律師資格。在印度獨立後擔任法務大臣並制定了印度憲法。阿姆倍伽爾與數十萬名賤民一起改信佛教一事也十分有名。

提倡「非暴力、不合作」的印度獨立運動領袖。不僅印度教徒，連伊斯蘭教徒也支持他的行動。此外，他還稱賤民為神之子哈里真（Harijan），呼籲解放他們。

所謂的分而治之 英國擔心印度的獨立運動會愈演愈烈，於是將民眾的注意力轉移至宗教對立或下層階級，藉此繼續統治。

印度教

禁食牛肉，卻超愛牛奶！

不可不知印度教的飲食與習慣

印度人多為素食主義者!?

婆羅門教有所謂「汙穢」的思想，會區分神聖之物以及相對於此的不潔之物。印度教也承繼了這樣的想法，不僅施行種姓制度，也對生活方式帶來影響。

以動物為例，他們認為牛是神聖的，豬卻是不潔的。「盡量不要靠近」可說是兩者的共通之處。不僅如此，耆那教不殺生的教義也影響了印度教，因此印度教徒一般是不吃肉的。從這樣的

飲食

牛&豬等肉食

牛是神聖的，而豬是不潔的動物。再加上不殺生的觀念，印度人大多傾向於避吃所有肉類。另一方面，可在不傷害牛的情況下攝取的牛奶等乳製品則可以食用。

海鮮類 ✕

印度人也不太吃海鮮類。使用柴魚片等海鮮湯汁製成的食品也是禁止的。

蔥類與蛋類 ✕

有些人也不能吃被視為生命之源的蛋類。此外，還要避吃會妨礙修行的大蒜與韭菜等五葷類。

其他

被視為不潔的「左手」

人在排便時會使用左手，這類因素讓印度人認為左手是不潔的，握手或用餐時要避免使用左手。

不可摸頭

印度人認為有神明寄宿於頭上，所以不該隨便觸碰，連撫摸孩子的頭也不行。

所謂的禁五葷 大蒜、韭菜、薤、洋蔥與細香蔥這五葷會使身體亢奮而妨礙修行，故應禁止食用。

背景來說，印度是個素食主義者眾多的國家。此外，飲食規範也會因階級而異，所以建議個別詢問每位教徒哪些食材不能吃。

順帶一提，印度教徒認為恆河可以淨化「汙穢」。只要實際走訪恆河，應該可以看到許多教徒在河裡沐浴。此外，他們還認為讓骨灰隨恆河流走可以獲得淨化，並達到解脫。

習慣

印度教徒熱愛節慶！

印度全年都會舉辦各式各樣的慶典，其中又以秋季的「十勝節」與初春的「侯麗節」最為著名，前者是祝禱穀物豐收的祭典，會朗誦《羅摩衍那》，後者則是所有人會互相揮灑染了色的粉末或水來祈求豐收。

恆河被稱為「聖河」的原因

恆河是一條可以淨化罪孽的神聖之河，因此有很多教徒會在河中沐浴。此外，他們還認為讓骨灰隨恆河流走即可從輪迴中解脫出來。

代代相傳的通過儀式「Samskara」

印度教有多達約40種通過儀式。其中最受重視的是生日儀式、入教儀式、婚禮與喪禮。

生日儀式 ⟶
出生不久後舉辦的儀式，祈求順利長大。出生第10天左右舉辦命名與淨化儀式。

入教儀式 ⟶
男性正式成為印度教的一員。之後要開始學習《吠陀》。

婚禮 ⟶
大多會盛大地舉辦婚禮。也有不少會與入教儀式一起舉行。

喪禮
火化以木柴覆蓋的遺體，再讓骨灰隨恆河流走。有些低層階級會土葬。

所謂的**印度教至上主義** 　以與伊斯蘭基本教義主義相抗衡的形式崛起。1992年發生了激進印度教徒破壞清真寺的「阿約提亞事件」。

東方兩大宗教比較表

	佛教	印度教
信徒數	約4億人	約9億人
起源	西元前5世紀左右	（西元元年前後）
鼻祖	佛陀（釋迦牟尼）	無特定人物
成立	佛陀開悟並布道，由其弟子承繼而成立	婆羅門教受到在地信仰與佛教的影響而成立
類型	世界宗教	民族宗教
信仰對象／稱呼	釋迦牟尼、如來與菩薩等	三大主神（濕婆、毗濕奴與梵天）等
教義	目標在於透過修行從輪迴中解脫（空與無等）	目標在於透過修行從輪迴中解脫（梵我一如）
聖典	《三藏》、《般若心經》、《法華經》與《阿彌陀經》等各種經書	《吠陀》、《摩訶婆羅多》與《羅摩衍那》
聖地	藍毗尼、菩提伽耶與鹿野苑等	恆河流域的瓦拉納西與亞姆諾特里等
宗派	大乘佛教各派與上座部佛教各派	毗濕奴派與濕婆派等
宗教設施	佛教寺院	印度教寺院
入教方式	出家（亦可在家修行）	信教儀式（入教儀式）
偶像崇拜	盛行	盛行
飲食規範	因宗派而異，有些地方會避免吃肉食	禁吃所有肉食與五葷等

※會因宗派與立場而異

Chapter 3

解析新聞中的各種疑惑

宗教與現代世界

美國前總統川普在總統大選中敗選，
俄羅斯併吞克里米亞的相關爭論等，
轟動世界的新聞大多都與宗教脫不了關係。
讓我們來看看宗教對國際情勢與全球經濟
所造成的影響吧。

新教廣為傳播的國家透過禁欲＆天職精神而得以早一步發展

天主教

義大利　西班牙　葡萄牙

- ☑ 禁欲！
- ☑ 不可累積財富
- ☑ 勞動是項艱辛的義務
- ☑ 以宗教活動為優先

新教

美國　英國　荷蘭

- ☑ 禁欲！
- ☑ 可累積財富
- ☑ 可追求利益
- ☑ 可資本投資

利益

累積財富　　投資

＝ 與資本主義的契合度○

基督教的「禁欲精神」創造出一個正循環：獲得的利益不會投注在享樂型的消費或浪費，而是累積財富進行投資。

與資本主義頗為契合的新教教義

到了近代以後，新教世界的經濟蓬勃發展。德國社會學家馬克斯・韋伯將此歸因於宗教。

其前提是，基督教有條鼓勵「禁欲」的教義，再加上新教有一套特有的思維：「預定論」。

所謂的預定論，是指在最後的審判中可以獲得救贖的人是早就預定好的。因此，教徒都對自己是否為救贖對象而感到不安。

為此，韋伯著眼於天職的思

116

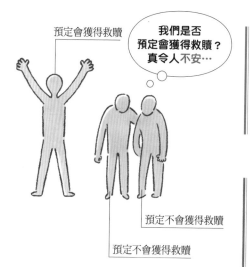

預定會獲得救贖

我們是否預定會獲得救贖？真令人不安…

預定不會獲得救贖

預定不會獲得救贖

經濟發展背後的思維①
「預定論」所引發的心理焦慮

「預定論」是加爾文所提倡的思想。認為在最後的審判中，該上天堂還是下地獄是上帝早就預定好的。

經濟發展背後的思維②
埋首於「天職」以消除焦慮！

認為能積極投入工作的人＝被賦予天職（預定會獲得救贖）的人，而不工作的人則無法獲得救贖。

早已預見現代資本主義的韋伯

韋伯觀察當時經濟蓬勃發展的美國，認識到社會正在喪失禁欲等宗教方面的倫理。他擔心資本主義將來會淪為只以賺錢為目的。

我能這般熱衷於工作，表示我是預定會獲得救贖的人！

維。換言之，教徒可以藉由這樣的思維來消除焦慮：「如果自己能積極投入工作，那麼這份工作肯定就是自己的天職。正因為已預定會獲得救贖，才會被賦予這份天職！」

他指出，像這樣熱衷於工作（＝追求利益），同時又出於禁欲的意識而選擇儲蓄並投資，而非將獲利拿來享樂，這樣的循環與經濟成長有所關聯。

控制供應與需求!?
「神的無形之手」的含意

需求

供應

> 國家沒必要干涉市場，因為有一隻「神的無形之手」在運作！

關於「無形之手」的天大誤解

一神教世界認為，絕對且唯一的神也會將其力量延伸至經濟面。最具代表的思想便是認為有「神的無形之手」。

一般認為這句話「出自於」亞當・史密斯的《國富論》，書中指出人類會出於利己心理而工作，工作上的分工則會提升勞動的生產率。他更進一步提到，基於自身利益的需求與供應，是由一隻「無形之手」來維持平衡。

所謂的**市場基本教義** ▸ 這種主張認為，國家不該干預市場，而是任其發揮自動調整的機制，才能促進經濟發展。

118

「無形之手」的含意①

個人的利益追求 →可促進社會發展

亞當·史密斯指出了人類利己的性格。也就是分工後的每一個人會追求各自的利益，最終促進了經濟發展。

銷售就包在我身上！

運送

製造

販售

經濟發展

「無形之手」的含意②

個人具備「同理」的情感 →讓社會秩序得以維持

關於「利己的人們聚在一起便可維持社會秩序」這一點，史密斯指出，個人與社會中存在著一條規範行為的界線，換句話說就是「同感（同理心）」。他並非主張市場就該自由放任，或為了自己的利益就可以任意妄為。

\ 有同感！/

「小政府」可以促進經濟發展！

這樣的觀點獲得市場基本教義者的支持。然而，史密斯雖然說過市場中有一隻「無形之手」在運作（書中只有一處提到），卻沒有說那隻手來自「上帝」。

史密斯所預設的「利己心理」，意思和「任意妄為」也有很大的不同。簡言之，這只不過是那些信奉市場之力的人們為了讓自己的主張更具說服力而加上「上帝」的」幾個字，它曲解並利用了史密斯的主張。

觀察近現代所發生的恐慌，不得不說，「上帝控制著市場」這種主張不過是一場「幻想」。

亞當·史密斯是……　英國的經濟學家。曾發表《道德情操論》，其中提及個人所具備的利己心理與同理心，還有據說是經濟學起點的《國富論》。

許多天主教國家陷入經濟危機的原因

唉，好想早點回家休息喔⋯⋯

葡萄牙國內沒有大企業!?

　　近代以後，天主教世界中幾乎看不到哪個國家有顯著的經濟成長。甚至還在2009年年底爆發歐債危機，目前已知義大利與西班牙、葡萄牙等國在那之後一直都背負著巨額的財政赤字，而這些都是天主教徒占多數的國家。雖然不能過於武斷，但應該無法否認這與宗教有某些關聯。

　　有別於新教，天主教並沒有預定論或是天職這類想法。相反

天主教與經濟①

脫離天主教主要發生在已開發國家

德國約30%人口信奉天主教，在2019年有約27萬人退出教會。據說退教的信徒人數遠遠超過前一年的約21萬人。退出教會的原因之一是為了避免繳交教會稅，我們由此亦可看出天主教的影響力大不如前。

在鄉下悠哉生活才是最棒的！

天主教與經濟②

法國與德國不是屬於天主教世界嗎？

法國與德國中都有許多天主教徒。然而，法國自法國大革命以來，宗教本身的影響力就已經式微。此外，德國則是宗教改革的發源地，新教的思維已廣為滲透，因而促成了經濟發展。

的，它不鼓勵累積財富，且傾向於把勞動視為一項自亞當與夏娃延續下來的痛苦義務。也因此，勤奮工作的人遂變少了吧。

在這樣的背景下，**天主教與區域共同體的親密度會比經濟持續成長的都市來得高**。葡萄牙大多數國民皆為天主教徒，而國內幾乎沒有可稱得上是大企業的公司，似乎反映出了這一點。

經濟

禁止收取利息！持續擴張的伊斯蘭金融勢力

伊斯蘭各國（QISMUT）

卡達、印尼、沙烏地阿拉伯、馬來西亞、阿拉伯聯合大公國與土耳其

- ☑ 可追求利益
- ☑ 不可收取利息
- ☑ 不可投機交易
- ☑ 不可買賣酒精等
- ☑ 烏理瑪會參與管理

伊斯蘭銀行是從籌集「朝聖」資金中衍生出來的

前往朝聖

資金

銀行

儲蓄

我們想去朝聖，但是馬來西亞離太遠了，很花錢…

一般認為，為那些志在前往麥加朝聖的人們籌集資金，便是伊斯蘭銀行的起源。1962年於馬來西亞設立的馬來穆斯林朝聖儲蓄銀行即為一例。

伊斯蘭金融究竟是什麼？

QISMUT是由幾個主要伊斯蘭國家組成，其所引領的伊斯蘭金融目前仍持續擴張。

所謂的伊斯蘭金融是指遵照《沙里亞》的金融交易。其最大的特色之一便是禁止收取利息。

話雖如此，利息是銀行經營中不可欠缺的要素。為此，伊斯蘭的法學家（烏理瑪）等人反覆進行評估，並著眼於昔日伊斯蘭商隊騎著駱駝到東方貿易時，出資者

交易流程

伊斯蘭的
金融實況
（本利銷售
模式）

銀行會在房屋買賣等時候介入商品的買方與賣方之間，先出資買下商品（共同持有），再要求買方還款並加收「佣金」，藉此獲利。

資本主義的
金融實況

在大多數的情況下是銀行規劃房屋貸款，再要求買方償還加上利息的金額。

每年都有高成長率！
伊斯蘭金融今後還會逐漸擴大!?

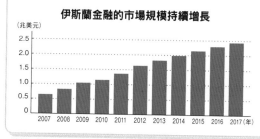

伊斯蘭金融的市場規模持續增長

（兆美元）

2007 2008 2009 2010 2011 2012 2013 2014 2015 2016 2017（年）

2021年2月，由印尼3家國營銀行合併而成的「印尼伊斯蘭教法銀行（Bank Syariah Indonesia）」開始運作，提供伊斯蘭金融的服務。可以看出政府意圖透過伊斯蘭金融來提高國際競爭力。

來源：ISLAMIC FINANCIAL ASSETS：GLOBAL TOTAL＆GROWTH（Saudi Gazette）

與商隊之間所締結的契約。如果商隊平安完成貿易的話，便可以平分利益，倘若有所虧損，則不僅限於商隊，連出資者都會蒙受損失──伊斯蘭金融便是應用了這套準則。

伊斯蘭以這套系統為基礎，如今已經衍生出各式各樣的商業貿易。

以伊斯蘭金融最主要的交易「本利銷售模式（Murabaha）」為例，是先由銀行替顧客購買商品，之後再以加上佣金的形式轉賣。收取的額外費用被視為佣金（交易的一部分），所以不算是利息。

所謂的QISMUT 　擷取卡達（Qatar）與印尼（Indonesia）等6個主要伊斯蘭金融國家的英文字首字母所組成的複合新詞。

經濟

持續滲透人們生活的SNS 成了宗教的救世主!?

上傳效果絕佳的照片到IG上，藉此擴大信徒！

喀擦

有愈來愈多宗教團體會活用SNS來傳教。另外也用來傳遞集會與做禮拜的資訊，以及與信徒間的溝通工具。

SNS剝奪了宗教的「神祕感」

在現代社會中，已開發國家的大多數國民都會使用SNS。

再加上新型冠狀病毒肺炎疫情的影響，日本也開始提供線上喪葬儀式等服務，還有不少宗教團體也活用SNS來傳教。

這些對策或許能有效降低人們接觸宗教的門檻。然而，若要論SNS是否可以拯救世界各地宗教衰退的趨勢，應該很困難吧！其中一個原因就是，擴散效

124

活用SNS的嚴酷現實①
宗教喪失了「神祕感」

宗教中有不少超越人類智慧且不合常理的性質，但在非面對面接觸的SNS上，信徒不再能獲得這種超越「矛盾」般的體驗。

活用SNS的嚴酷現實②
宗教也有可能遭人匿名造謠與中傷……

宗教被迫成為匿名誹謗與造謠中傷的對象，這樣的狀況並不少。毫無根據的假資訊散播，有時也會讓宗教團體的形象一落千丈。

宣傳

傳教

> 雖然有興趣，但受到新冠肺炎疫情的影響，不能參加集會呀～

誹謗或中傷

果絕佳的SNS容易讓宗教失去「神祕感」。

宗教是由信仰同一個對象的群體所組成的。這種時候就會讓群體在宗教設施做禮拜或是體驗「奇蹟」等，藉此產生宗教團體所需要的團結意識與可信度。然而，在SNS上卻很難獲得這樣的體驗。

還有一點，宗教是否禁得起SNS上的誹謗與中傷。從宗教的立場來看，資訊化社會伴隨著一定程度的風險。

川普在美國總統大選中落敗的原因

福音派與總統之間的關係

福音派的特色與主張

- ✓ 占美國人口約25%
- ✓ 教堂出席率高
- ✓ 反對同性戀與同性婚姻
- ✓ 對進化論持否定態度
- ✓ 透過巨型教會的營運獲得豐厚財力

最大巨型教會「美南浸信會」的總部

第43任總統
喬治・沃克・布希

第40任總統
隆納・雷根

為過去共和黨候選人的後盾

- ✓ 因為911事件而反對伊斯蘭基本教義主義
- ✓ 福音派領袖支持伊拉克戰爭

- ✓ 反對墮胎等，觀念接近福音派
- ✓ 強烈地反對無神論的共產主義

川普失去福音派的支持

2020年11月，川普在美國總統大選中競選連任失敗。其中一個主要原因應該就是失去福音派的支持。

福音派為保守派新教，相當於美國人口的約25%。信徒大多居住在中西部至東南部，因此這個地區被稱為「聖經帶」。他們傾向於反對進化論與墮胎等，也會積極地傳教，經營著「巨型教會」，週末總會有約2000名

126

福音派的影響力今後會日趨衰退？

就連過去以巨大影響力著稱的福音派，其擁有的影響力也正在逐年減弱。其背後的原因就在於，福音派核心人物的高齡化、連聖經帶都出現年輕世代的自由化，以及轉為無宗教信仰的人日益增加。

美國宗教的比例

2003年

- 其他 **4%**
- 無宗教 **12%**
- 其他基督教教派 **11%**
- 天主教 **22%**
- 含福音派在內的新教 **50%**

2017年

- 其他 **5%**
- 無宗教 **21%**
- 含福音派在內的新教 **36%**
- 天主教 **22%**
- 其他基督教教派 **14%**

來源：ABC NEWS/WASHINGTON POST AND ABC NEWS POLLS

> 這個人的行徑已經脫離常軌⋯⋯。再也無法支持川普了！

福音派

> 快把拜登父子涉嫌的貪汙案找出來!!

川普又掀起女性問題

烏克蘭政府

第45任總統
唐納・川普

☑ 2016年在福音派的支持下當選總統

☑ 將福音派的主張反映在政策上

信徒齊聚於教堂。一直以來都活用其影響力來協助共和黨候選人競選總統。2016年川普當選時，估計約80％的福音派都把票投給他。

然而川普上任後，過去的女性問題與烏克蘭醜聞（提出以軍事支援來交換拜登陣營貪汙的相關情報）紛紛浮上檯面，福音派對他的支持也逐漸減弱。雖然川普直到最後都為爭取其支持而努力，例如提名主張傾向於福音派的女性為大法官等，卻仍無法獲得像2016年那麼多的支持。

所謂的福音派 新教中的一派，忠實地遵守加爾文等人於宗教改革之際所提倡的「聖經（福音）至上主義」。屬於從英國移居美國的清教徒主流派。

令歐洲憂心忡忡的「伊斯蘭化」正日益擴張

備受矚目的「聖索菲亞大教堂」清真化

應該把聖索菲亞大教堂「還原」為清真寺！

世界遺產／聖索菲亞大教堂

土耳其／艾爾多安總統

- ☑ 6世紀，作為希臘正教會的聖堂而建造＝基督教
- ☑ 1453年，鄂圖曼帝國將其改造成清真寺＝伊斯蘭教
- ☑ 1935年，以「無宗教博物館」成為世界遺產

為什麼歐洲會為了清真化而不安？

2020年7月，土耳其的艾爾多安總統對外宣布，要將伊斯坦堡的世界遺產「聖索菲亞大教堂」改成清真寺。這項決策引發各國元首的反對聲浪。

土耳其的聖索菲亞大教堂建於6世紀，是東正教會的教堂。1453年由鄂圖曼帝國改建為清真寺，但歷經帝國瓦解之後，1934年以在宗教上「中立」的博物館，登錄為世界遺產。可

128

沒道理讓別的國家說三道四！

應該盡量避免煽動對立的行為！

土耳其

基督教國家

希望推廣伊斯蘭主義的土耳其政府與害怕伊斯蘭化擴大的歐洲基督教國家之間產生了對立。

伊斯蘭教的擴張令歐洲（基督教世界）憂心忡忡

教徒增加的背景①
教義清晰易懂

伊斯蘭教得以擴張的原因之一，便是教義清晰易懂。「六信五功」的宗教實踐人人皆可落實，再加上政教合一的體制便於政府治國，這兩點有很大的影響。

教徒增加的背景②
信徒有多產的傾向

穆斯林有多產的傾向。只要出生在穆斯林家庭，從小就會耳濡目染伊斯蘭教的信仰，因此信徒會逐漸增加。

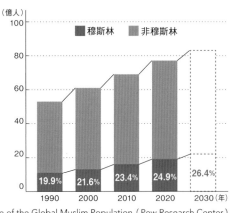

穆斯林在世界人口中所占的比例

（億人）
■ 穆斯林　■ 非穆斯林

19.9%　21.6%　23.4%　24.9%　26.4%

1990　2000　2010　2020　2030（年）

來源：The Future of the Global Muslim Population（Pew Research Center）

說是以世俗主義建國的土耳其的象徵性建築。

土耳其有超過90%的人口信奉伊斯蘭教（遜尼派）。自從以虔誠的伊斯蘭教徒為人所知的艾爾多安總統就職後，便不斷推動伊斯蘭化政策，將聖索菲亞大教堂改成清真寺的政策也獲得宗教保守派的支持。

然而，以歐洲各國的立場來看，除了對土耳其的日益強大感到憂慮外，還因為日益擴張的伊斯蘭教取代衰退中的基督教，以及受到世俗主義的威脅而有了危機意識。

政治

在法國發生伊斯蘭激進派引發的恐怖攻擊事件

2020年10月

一名中學教師在授課中
介紹了穆罕默德的諷刺畫

↓

該名教師遭斬首而亡

在法國頻頻發生的恐怖攻擊與法國大革命之間的關聯

不能容許對先知
穆罕默德的褻瀆。
這是在侮辱全世界的
穆斯林！

表達的自由
應優先於任何事物。
即便是褻瀆伊斯蘭教，
那也是人的自由。

伊斯蘭各國

馬克宏總統

為什麼法國會頻頻發生恐怖攻擊？

2020年發生了一起令人震驚的事件：一名中學教師在法國巴黎近郊遭斬首。一般認為，這是伊斯蘭激進派對該名教師在課堂上展示穆罕默德的諷刺畫感到憤慨而犯下的罪行。

法國總統馬克宏針對該名教師的行為與諷刺畫出言辯護：「人人皆享有包含褻瀆在內的表達自由。」另一方面，土耳其與伊朗等國的元首則是激烈反彈。

對法國人而言，「自由」與「宗教」意味著什麼？

法國大革命 ┈┈┈▶ 推翻由天主教與君主制結合而成的君主專政

① 自由

在法國，「表達的自由」是最基本的權利。禁止對個人的侮辱與中傷，但是對宗教的批判與褻瀆則被解讀為個人的表達自由。

② 政教分離的「世俗主義原則」

為了保障個人的信仰自由，國家與教育機構皆貫徹「無宗教性」的原則。在法國，政教分離被視為國策，該原則又稱為「世俗主義（laïcité）」。

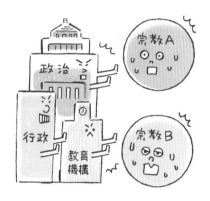

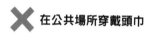
在公共場所穿戴頭巾

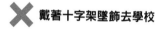
戴著十字架墜飾去學校

❌ 戴著基帕（猶太教徒的帽子）去學校

除了這起事件外，近年來法國襲擊事件頻發，例如2015年巴黎同時發生了好幾起恐怖攻擊，造成超過130人死亡。法國大革命為其背後的因素之一。

在法國大革命中推翻與宗教勢力（天主教）緊密結合的王權，人民終於贏得了「自由」與「政教分離」──法國人目前仍保有這種強烈的意識。

儘管發生了恐怖攻擊，法國輿論仍贊同諷刺畫，由此可看出他們對「自由」與「政教分離」具有強烈的信念。

以「代理人戰爭」的形式持續對立

伊朗×美國的衝突史

1951年	摩薩台就任伊朗首相 ☑ 將在此之前皆由英國壟斷的石油開採專利權 　國有化
1953年	伊朗發生政變 ☑ 親英美的巴列維二世掌權 ☑ 石油開採專利權再次回到英美手中 ☑ 伊朗不斷推動近代化（白色革命），另一方面 　伊斯蘭教徒間對獨裁體制的不滿日益高漲
1979年	爆發伊朗革命 ☑ 什葉派領袖何梅尼掌權 ☑ 改採伊斯蘭主義＆反美路線
1980年	爆發兩伊戰爭

在中東爆發了美國與伊朗的「代理人戰爭」

持續對立的美國與伊朗之間的關係

伊朗革命成了兩國對立的決定性因素

在歷經石油開採專利權之爭後，1979年又發生了伊朗革命，遂造成美國與伊朗之間形成對立。

伊朗革命是一場「回歸」伊斯蘭主義的革命，與世界各地持續推動的世俗化背道而馳，因而對世界造成衝擊。當時的最高領袖何梅尼一反之前的親美＆獨裁政治，改採反美路線。翌年，美國以支援伊拉克的形式入侵了伊

與伊朗和美國相關的其他國家的關係

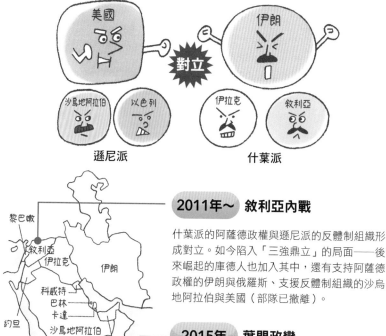

2011年～ 敘利亞內戰

什葉派的阿薩德政權與遜尼派的反體制組織形成對立。如今陷入「三強鼎立」的局面——後來崛起的庫德人也加入其中，還有支持阿薩德政權的伊朗與俄羅斯、支援反體制組織的沙烏地阿拉伯與美國（部隊已撤離）。

2015年 葉門政變

在伊朗的支援下，實質統治首都等地的武裝組織，與沙烏地阿拉伯所支持的總統派之間爆發了內戰。

朗，就此爆發兩伊戰爭。

此後，什葉派的伊朗與福音派信徒擴散的美國持續斷交，再**加上伊朗的核武開發問題，導致雙方關係不斷地惡化**。伊朗在歐巴馬政府時期同意了一項核武協議，但川普政府時期則退出了該項協議，伊朗也針對美軍殺害伊朗指揮官等事件持續展開報復。

雙方的衝突也體現在以中東為舞台的「代理人戰爭」上。美國、遜尼派的沙烏地阿拉伯與以色列陣營，對上什葉派的伊朗、伊拉克與敘利亞等國，在這樣的局勢下爆發了敘利亞內戰與葉門政變。

何梅尼是…… 什葉派的領袖。最初是以烏理瑪的身分活動，因為批判巴列維二世而遭驅逐出境。革命後，成為伊朗的最高領袖，於1989年辭世。

俄羅斯併吞克里米亞也導致東正教會內部出現裂痕……

併吞克里米亞引發國際反彈

俄羅斯

烏克蘭

克里米亞半島

黑海

2014年3月

親歐派與親俄派對立，
導致烏克蘭處於內戰狀態

↓

俄羅斯趁亂
併吞了克里米亞

克里米亞是
弗拉基米爾一世
受洗的聖地，
對俄羅斯而言是很
重要的地方。

俄羅斯仗著武力
併吞了屬於
烏克蘭的領土，
已違反國際法！

烏克蘭政府

歐洲各國

普丁
總統

為什麼克里米亞
對俄羅斯如此重要？

　2014年，俄羅斯併吞了
烏克蘭的領土克里米亞。這起冷
戰後首次透過武力變更領土的舉
動，引發世界各國的撻伐。

　對於俄羅斯來說，奪取克里
米亞不僅是為了地緣政治上的優
勢，**克里米亞在宗教與文化上的
重要地位也是原因之一**。這麼說
是因為烏克蘭是基輔大公國的創
建之地，也是東斯拉夫民族所建
立的第一個國家，該國的親王弗

俄羅斯與烏克蘭在克里米亞問題上的對立

988年	基輔大公國的弗拉基米爾一世可說是俄羅斯與烏克蘭的共同祖先，他在克里米亞半島接受東正教會的洗禮，之後將其定為國教
1783年	俄羅斯帝國從鄂圖曼帝國手中奪回克里米亞半島
1954年	蘇聯第一書記赫魯雪夫將克里米亞移交給烏克蘭
1991年	蘇聯解體。克里米亞半島成為烏克蘭的一部分
2014年	烏克蘭國內爆發內戰，俄羅斯趁機介入，併吞了克里米亞
2019年	連接克里米亞與俄羅斯的「克里米亞大橋」竣工，隨後鐵路也開通

烏克蘭危機
→俄羅斯正教會×東正教會的對立日益顯著

☑ 東正教會的最大勢力

☑ 與政府之間的連結緊密

☑ 烏克蘭正教會獨立
→宣布與支持其獨立的宗主教區斷絕關係

☑ 東正教會的主要權威

☑ 2018年承認烏克蘭正教會
→從1686年開始支持其從俄羅斯正教會的統治下獨立出來

拉基米爾一世便是在克里米亞半島接受洗禮之後，將東正教會定為國教。因此，併吞堪稱俄羅斯「發源地」的克里米亞，是以普丁為首的俄羅斯政府一直以來的願望。

烏克蘭與俄羅斯的對立也導致東正教會的分裂。烏克蘭希望在宗教方面也能遠離俄羅斯，因而請願要求脫離俄羅斯正教會的統治。東正教會的主要權威君士坦丁堡宗主教區認可這項請願，結果引發俄羅斯正教會的反彈，並宣布與宗主教區斷絕關係。

所謂的基輔大公國　主要由東斯拉夫民族所組成的國家。以現今烏克蘭的基輔為首都，於9～13世紀曾繁榮一時。基督教在弗拉基米爾一世時期成為國教。

伊斯蘭激進派是如何產生的？

伊斯蘭激進派的主張與擴張

穆斯林
約 **14** 億人

希望以六信五功為基礎，和平地過生活……

貧窮、階級差距、不平等、政治家令人失望……或許激進派才能解決這些問題。

IS
就算採取暴力手段，也要建立伊斯蘭國家。

蓋達組織
我們要對美國及其盟國發動吉哈德（聖戰）！

一部分的穆斯林

激進派
不到全穆斯林的 **0.03**%

☑ 透過SNS傳播激進派的理念並招募人員
☑ 新冠肺炎疫情引發的焦慮感成了助力!?

911為什麼會發生在美國？

21世紀後，伊斯蘭激進派頻頻發動恐怖攻擊。蓋達組織與伊斯蘭國（IS）便是著名的恐怖組織。

蓋達組織是從1979年蘇聯入侵阿富汗後集結起來的伊斯蘭義勇軍「青年黨」中衍生出來的。蘇聯撤軍後，該組織以奧薩瑪・賓・拉登為中心，逐漸強化了反美情緒。蓋達組織呼籲世界各地的穆斯林發動聖戰，並主導

所謂的塔利班 ⊳ 阿富汗的激進組織。在同時發生多起恐怖攻擊之後，被認為窩藏了賓・拉登而遭受美軍攻擊。

伊斯蘭激進派組織的系譜

1960年代	宣揚推翻非伊斯蘭政府（吉哈德）的庫特布主義不斷擴散，奧薩瑪·賓·拉登也是受其影響
1979年	為了與入侵阿富汗的蘇聯抗衡，美國援助了游擊組織「青年黨（Mujāhidīn）」
1988年	蘇聯撤退之後，賓·拉登與青年黨的成員共同組成「蓋達組織」，逐漸強化反美色彩
2001年	美國同時發生多起恐怖攻擊
2014年	從蓋達組織中分裂出來的一派宣布建立「伊斯蘭國」

敘利亞　阿富汗　土耳其　黎巴嫩　伊拉克　茅利塔尼亞　阿爾及利亞　突尼西亞　馬利　尼日　巴基斯坦　葉門　索馬利亞　奈及利亞

蓋達組織派系

一般認為阿富汗、葉門與索馬利亞等國的國內皆有其相關組織。於2019年公布了漢薩·賓·拉登（賓·拉登的兒子，被視為下任最高領袖候選人）的死訊。

IS派系

一般認為敘利亞、伊拉克、葉門與奈及利亞等國國內皆有其相關組織。於2019年公布了被視為主謀的阿布·貝克爾·巴格達迪的死訊。

了2001年發生在美國的多起恐攻事件。美國於2011年宣告了賓拉登的死訊，但該組織目前仍在各地活動。

IS則是從蓋達組織中分裂出來的，並於2014年宣布在伊拉克與敘利亞地區建國。IS控制了油田以確保豐富的資金來源，漸漸具備超越蓋達組織的影響力。

雖然大部分的穆斯林都渴望和平，不過目前的現狀是，有人鎖定那些在移民地感到疏離的伊斯蘭移民等為傳教對象，從而催生出一部分的激進派。

第一位出身南美的羅馬教宗所面臨的嚴峻課題

教宗方濟各所面臨的課題

2013年 首位當選羅馬教宗的中南美洲人（阿根廷）

我將逐步推動教會改革！

教宗方濟各

課題①
信徒嚴重流失

課題②
神父性虐待事件頻傳

羅馬教宗訪日的原因為何？

2013年，首位出身南美的天主教領袖誕生。在教宗方濟各的領導下，進行天主教教會的改革。世界各地持續出現信徒變少的趨勢，其中一個原因是神父的性虐待問題，教宗方濟各已經採取各種措施來解決這些嚴峻的課題。

首先，為了擴大信眾人數，教宗走訪各國。2019年，羅馬教宗睽違38年後來到日本。可

對策①

透過訪問各國來提高天主教的存在感

2019年的訪問行程備受矚目，時隔38年再訪日本，之後又走訪了韓國、斯里蘭卡與菲律賓等亞洲國家，以及巴西、智利、祕魯等南美洲國家。就連被指出天主教式微的巴西都有約300萬名教徒趕來參加彌撒。

對策②

預計廢除神父對性虐待告解的「守密義務」

在此之前，神父必須克盡對告解內容的守密義務，但是教宗方濟各表明將對「具有犯罪情節的告白」廢除守密義務。倘若得以實現，祭司從信徒或神職人員接收到有關性虐待等的告解時，便可向教會或司法機關呈報。

對策③

呼籲捐款⋯⋯但財政赤字仍持續擴大

因教徒趨減與新冠肺炎疫情而減少彌撒活動，導致教會陷入財政困難。過去散漫的財政管理也是原因之一，目前正急需重建財務狀況。另有報導指出，就連以慈善活動為目的的「彼得獻金」等捐款也大多被用來填補虧損。

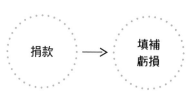

捐款 → 填補虧損

以看出他目前正在有擴大信眾人數潛力的亞洲及其出身地南美地區，傾力從事傳教活動。

此外，他還針對造成教徒趨減的原因之一的性虐待問題發表了處置方針，預計廢除涉及虐待內容的守密義務。如果得以實現的話，**神職人員在告解中得知有兒童受虐，便可向祭司報告或是協助搜查。**

還有一個問題是財政困難。教徒減少加上新冠肺炎疫情，導致齊聚做彌撒的人數減少。甚至出現以慈善活動為目的的捐款，大多被用於填補虧損的狀況。

猶太人中接連出現天才與大富翁的原因

愛因斯坦

賴利・佩吉

佛洛伊德

祖克柏

學問

開創精神分析學的佛洛伊德、發表相對論的愛因斯坦，以及以《資本論》聞名的馬克思都是猶太人。

金融・經濟

不僅限於金融界，現代的IT業界中也出現許多著名的猶太人。其中又以Google的創始人賴利・佩吉與Facebook的祖克柏最為著名。

猶太教不會獨占知識!?

金融、經濟與學問等領域的成功人士中，有很多都是猶太人出身。

一般來說，猶太人是指信仰猶太教的人或猶太人母親所生下的孩子。之所以可以從這些猶太人中孕育出許多天才，可能的理由有兩個。

第一個是中世紀禁止基督徒收取利息，但猶太教卻允許猶太人向異教徒的基督徒收取利息，

140

理由①

一神教中唯一允許收取利息者
→在早期階段進入金融業

在早期階段進入金融業，讓猶太人得以在現代資本主義體制下形成龐大的影響力。此外，一直遭受迫害的猶太人只能進入過去還稱不上主流的金融業或娛樂產業，因而培養出許多引領現代商業和好萊塢的實業家與藝人。

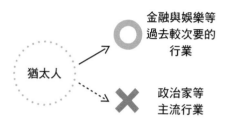

猶太人

→ 金融與娛樂等過去較次要的行業

--→ ✕ 政治家等主流行業

理由②

聖俗合一→禁止獨占知識，
學問是開放的

聖俗合一的體制讓猶太人從很早的階段就開放學習，這點也有很大的關係。舉例來說，中世紀的基督教主要是由神父學習知識，但在猶太教卻是男女老少都可以精進學問。這種不獨占知識的環境，孕育出不少赫赫有名的學者。

史蒂芬・史匹柏

巴布・狄倫

電影・音樂

電影導演史蒂芬・史匹柏與音樂家巴布・狄倫等，猶太人跨足的領域甚廣。

因此他們得以在早期階段進入金融業。再加上猶太人在歐美是少數族群，又有段曾經遭受迫害的歷史，這些都有可能是他們進入金融與娛樂等昔日非主流行業的原因。

第二個則是如第 2 章所說明的，猶太教主張聖俗合一。在聖俗分離的國家中，包含宗教在內的學問往往是由神職人員負責學習。然而**猶太教卻是透過拉比，讓孩子從小就可以接觸到學問。**

白人至上主義者對聖經的解讀

社會

為什麼在BLM運動中耶穌像會遭到破壞？

也有許多非黑人參與

示威者中也有許多白人，還可看到警察與活動的帶領者一起單膝跪地，以示對BLM運動的支持。

透過SNS散播→擴大運動的規模

黑人喪命的影片在SNS上擴散，轉瞬間舉世皆知。「Black Lives Matter」這句口號也透過主題標籤而廣為傳播。

種族歧視問題的背後也隱含宗教問題

2020年，一名黑人男性遭警察壓頸致死的影片在SNS上瘋傳。這個事件使得2013年一名17歲黑人少年慘遭殺害所掀起的Black Lives Matter（BLM，黑人的命也是命）運動再次點燃。

BLM運動透過SNS的散播壯大了運動的規模，另外，有不同種族參與其中也是廣為人知的事實，不過有些活動的帶領者

142

還有人主張拆毀耶穌像

活動的帶領者中也有人呼籲拆毀耶穌像，甚至有一部分的人漸成暴徒，出現掠奪與破壞商店的行為。

為什麼耶穌總是被描繪成「白人」？這正是白人至上主義的展現！

BLM活動的帶領者

耶穌和BLM無關，拆毀耶穌像是一種暴行！

一部分的牧師

《聖經》中提到「獲得承諾的民族」，指的就是雅利安人。

白人至上主義者

種族歧視為何會牽扯到宗教？

白人至上主義者大多都對天主教、黑人或是猶太人感到反感，而且傾向於認為《聖經》中所提到的「獲得承諾的民族」便是雅利安人。

破壞各地耶穌像的事件也鬧上了新聞版面。

實際上，在美國還有奴隸制度的時代，有些新教團體就曾公然聲稱「黑人奴隸是上帝賦予的制度」。再加上耶穌的雕像與繪畫大多都是描繪成白人，所以也有不少人認為耶穌像（基督教）就是歧視黑人的根源。

另一方面，也有黑人牧師與黑人民權運動家對拆毀耶穌像的行為提出了質疑。其中也有一些人嚴厲譴責這是一種「惡魔的行徑」。

社會

新冠肺炎疫情會加速「宗教的消失滅亡」!?

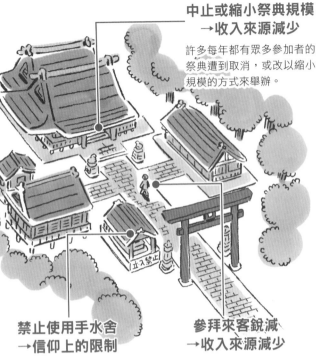

中止或縮小祭典規模 →收入來源減少

許多每年都有眾多參加者的祭典遭到取消，或改以縮小規模的方式來舉辦。

禁止使用手水舍 →信仰上的限制

為了預防新冠肺炎的傳染，有些情況下會禁止使用手水舍或搖鈴的麻繩。

參拜來客銳減 →收入來源減少

新年參拜等參拜來客銳減，自然連御守與神籤等的銷售額也跟著下滑。

從宗教例行活動到禮拜與參拜等日常的信仰，**由群體在「密集」**的情況下進行祈禱可說是宗教的一大要素。就這點來看，因為新冠肺炎疫情而禁止集會，取消許多儀式，都導致人們失去實踐信仰的機會，使得神社寺廟的收入銳減。

舉例來說，日本也有不少神社禁止使用手水舍或取消祭典儀式。一般推測這樣的現象會進一步加快「宗教的消失滅亡」，而這也是現代的趨勢之一。

Chapter 4

透過關鍵字來解析

宗教與東亞

雖然日本、韓國與中國都位於東亞，
各國的宗教實況卻不盡相同。本章將介紹
日本人的宗教觀、二戰之後新宗教的發展，
以及東亞與宗教之間的關係。

其實是相當「篤信宗教」的國家!?
日本與宗教

三大關鍵字

1. 泛靈論　**2.** 神佛習合　**3.** 政教分離

　　一般都說日本是「無宗教之國」，但日本人仍會實踐各種宗教行為，例如新年參拜與喪葬儀式等。讓我們來看看日本與宗教之間的關係吧。

日本根深蒂固的自然崇拜

泛靈論

詳見P147

詳見P148

神與佛的融合＝日本特有的

神佛習合

神佛習合

神道教　佛教

二戰之後日本改採

政教分離

詳見P158

麥克阿瑟

昭和天皇

山

一般稱為「神體山」，自古以來都被奉為信仰對象，以富士山最具代表。

那智瀑布

瀑布

位於深山處的瀑布也多被視為神體。以「那智瀑布」（和歌山）最為著名。

森林

環繞神社的廣闊森林又稱為「鎮守之森」，被奉為信仰對象。

樹木

又稱為「神木」，大多坐落於高大的樹木之中，有時在神社境內也找得到。

岩石

岩石崇拜又稱為「磐座信仰」，以「琴引岩」（和歌山）最為著名。

正如「八百萬神明」此一說法所示，在日本（神道教）被視為信仰對象的神祇不計其數。其起源可以回溯至泛靈論，這是從對自然界與無形之物的敬畏所衍生出來的。

古代日本人認為，無論是生物還是無生物，**天地萬物皆有靈魂寄宿其中，而這些都被視為崇拜對象**。不僅如此，人們認為神居住在遙遠之地，偶爾會降臨人間。而山頂、森林與岩石等處便是神明降臨之地，於是人們開始將其視為神靈寄宿的神體（日文稱為依代）來信奉。

現代日本至今仍保有這種崇拜自然之物的信仰型態。

所謂的富士講　誕生於江戶時代的民間信仰，視富士山為神體來崇拜。出於這種信仰而打造許多富士塚（模擬富士山形狀的山或塚），主要分布於關東。

神道教×佛教的歷代話題

本地 **垂跡**

完成《古事記》與《日本書紀》

聖武天皇於日本各地建造國分寺。另一方面也已創造出日本特有的神話。

古事記 日本書紀

本地垂跡說的發展&密教傳入

本地垂跡說傳播開來。密教（大乘佛教）會在被神道教視為神聖空間的山上修行，屬於該流派的「修驗道」盛極一時。

佛教 神道教

佛教傳入！

崇佛派的蘇我氏勝出，後來由聖德太子弘揚佛教。

10世紀	**8世紀**	**6世紀**

為什麼一神教未能滲透日本？

融合神道教與佛教的「神佛習合」在日本社會根深蒂固，是一神教未能滲透日本的原因。

6世紀前半葉，佛教經由中國再從朝鮮傳入日本。崇佛派的蘇我氏與排佛派的物部氏為了是否接納佛教而產生對立，結果由蘇我氏勝出。後來聖武天皇皈依佛教，於日本各地建造國分寺，並興建東大寺作為其大本山。

另一方面，神道教為日本的在地宗教，於8世紀前半葉完成了《古事記》與《日本書紀》。此後，兩教開始尋求融合而非對立。自8世紀以來，建於神社境內立。

所謂的**比叡山** 最澄開創的天台宗的總本山。一般認為，遭受信長攻擊的當時，它具備龐大的經濟與軍事力量。

148

神佛分離&
國家神道教

日本各地的許多寺院
遭到摧毀破壞（廢佛
毀釋），國家神道教
的體制已然成形。

織田信長
火燒比叡山

鎌倉時代，法然與親鸞
等人帶動新宗派蓬勃發
展，後來的織田信長則
火燒比叡山。

敗戰後邁向現代

國家神道教在GHQ的主
導下瓦解，以日本憲法
保障信仰的自由。

復古神道
日益活躍

從江戶時代開始將寺社
置於幕府的管理之下。
復古神道的活動也日益
活躍。

現代	20世紀	19世紀	18世紀	16世紀

日本憲法之中。

到現在的信仰自由則清楚記載於

總司令部）的主導下瓦解。持續

但二戰之後在GHQ（駐日盟軍

立後，國家與神道教緊密結合，

摧毀。名為國家神道教的體制確

為明治政府的神佛分離政策而遭

然而在開國後，許多寺院因

傳至近世。

救民眾，這種想法廣為傳播並流

態（垂跡）出現在日本，藉以拯

或菩薩（本地）會以神的暫時姿

代有了「本地垂跡說」。即佛陀

在這樣的趨勢下，於平安時

內的寺院「神宮寺」廣為普及。

所謂的復古神道　本居宣長與賀茂真淵等國學家所提倡的理論。主張尚未受到佛教等外
來宗教影響的時代所存在的神道教，才是最理想的。

古代

泛靈信仰

→

8世紀

完成《古事記》
與《日本書紀》

《古事記》

- 完成於712年
- 為日本國內的朝廷所寫
- 以神話時代的故事為主

《日本書紀》

- 完成於720年
- 為中國等國外所寫
- 以編年體（年代順序）寫成的歷史書

①開創日本的伊邪那美命與伊邪那岐命

伊邪那岐命與伊邪那美命出現在世界尚不存在之時。此二神用長矛攪動海水後，便形成了島嶼（日本列島），此即所謂的「創國」神話。

②日本神話中的最高神祇天照大神

天照大神對弟弟素戔嗚尊的暴行怒不可遏，於是躲進天之岩，結果太陽消失，世界一片漆黑。祂被視為掌管太陽的神，亦為天皇的祖神。

③日夜征戰的日本武尊

日本武尊奉其父景行天皇之命，出發征討西方與東方。據說日夜征戰的日本武尊筋疲力竭而亡，化為一隻白鳥飛走了。

《古事記》與《日本書紀》中寫了些什麼？

古代日本崇拜八百萬眾神，有形形色色的神話故事代代相傳下來。這些神話與日本誕生的相關故事經過編撰後，於8世紀前半葉完成了《古事記》與《日本書紀》。

據信，這兩本著作幾乎成書於同一時期，但在結構等方面則有一些差異。首先，《古事記》是以日式變體漢字書寫而成的，內容從神代（初代天皇神武天皇之前）涵蓋至推古天皇（在位期間為592～628年）。另一方面，以單純的漢字寫成的《日本書紀》，則是從神代涵蓋至持

神社的類型與作用

神宮

祭祀天皇的祖先或天皇的神社。例如伊勢神宮、明治神宮與平安神宮等。

一宮

創立於平安時代至中世紀期間。被視為各地區內地位最高的神社。

大社

指神社的總本社，或是在二戰之前的神社當中等級（社格）較高的神社。例如出雲大社等。

神社・社

最一般的名稱，祭祀當地的神祇等。例如大宮的冰川神社等。

日本保留至今的「人神信仰」

如同基督教的聖人信仰般，日本也有將歷史上的偉人視為神來祭祀的習慣。天滿宮的菅原道真與東照宮的德川家康便屬於此類。

神道教在約80年前曾是日本實質上的國教

明治政府的理念中含有復古神道。因而引發了廢佛毀釋，寺院多半成了廢寺。大日本帝國憲法中也有保障信仰自由，但是在「不會牴觸信仰自由」的詮釋之下，將天皇崇拜與神社信仰強加於民。

統天皇（690～697年）為止。一般認為之所以有這樣的文體差異，是因為前者是為朝廷內的豪族而寫，後者則是為了中國等國外所寫。

此外，《古事記》與《日本書紀》中還記載著形形色色的眾神故事，例如創造出日本列島的伊邪那美命與伊邪那岐命、被視為天皇祖神的天照大神，以及擊退八岐大蛇的素戔嗚尊等。

此外，也有不少神社會把出現在日本神話中的眾神與天皇供奉在「神宮」，為其一大特色。

黎明期

行基

平安時代

最澄

鎌倉時代

親鸞

江戶時代以後

傳入→求道者活躍

- 行基向民間傳教
- 鑑真開創了「戒壇」

行基對東大寺的大佛建造有所貢獻。從唐朝來到日本的鑑真則在東大寺設立了「戒壇」，此為進行授戒（指出家者正式成為僧侶）的地方。

密教傳入→影響

- 最澄創立天台宗
- 空海創立真言宗

最澄與空海將實現現世利益的密教（大乘佛教）引進日本。兩人分別開創了天台宗與真言宗，並且成為後來佛教世界的主流。

新佛教的誕生

- 鎌倉新佛教登場
- 淨土信仰在民間廣傳

宣揚救濟眾生的淨土信仰逐漸蔚為流行。淨土宗（法然）、淨土真宗（親鸞），以及日蓮宗（日蓮）等鎌倉新佛教因而誕生。

檀家制度＆葬禮佛教化

- 江戶時代設立檀家制度
- 持續「葬禮佛教」化

寺廟神社皆列入幕府的管理之下。在各宗派中建立「本山」與「末寺」的關係，只執掌喪葬儀式與法事，故稱為「葬式佛教」。

多位偉人所開創的佛教歷史

於 6 世紀傳入日本的佛教，是依以下過程逐步滲透。

佛教傳入後，聖德太子便將其活用於治世。不僅建造了法隆寺，還向豪族宣揚佛教教義，力興圖治。此後，佛教於奈良時代獲得聖武天皇的保護、從中國引進法相宗等南都六宗，以及由鑑真創設「戒壇」等完善的僧侶認可制度，促進了佛教的普及。

平安時代，遠渡中國的最澄與空海將密教引進日本，並各自創立了天台宗與真言宗。密教就此席捲佛教世界，孕育出融合神道教的修驗道信仰等。然而，這

所謂的**南都六宗** 於奈良時代獲得正式承認的佛教六大宗派。具體來說是指法相宗、三論宗、俱舍宗、成實宗、華嚴宗與律宗。

日本具代表性的13宗派一覽表

宗派	開山祖	成立年分	主要本山
法相宗	道昭	7世紀中	興福寺Ⓐ與其他
華嚴宗	審祥・良辨	8世紀中	東大寺Ⓐ
律宗	鑑真	8世紀中	唐招提寺Ⓐ
天台宗	最澄	9世紀前	比叡山延曆寺Ⓑ
真言宗	空海	9世紀前	金剛峰寺Ⓒ
融通念佛宗	良忍	12世紀前	大念佛寺Ⓓ

宗派	開山祖	成立年分	主要本山
淨土宗	法然	12世紀中	知恩院Ⓔ
臨濟宗	榮西	12世紀後	妙心寺Ⓔ與其他
曹洞宗	道元	13世紀前	永平寺Ⓕ與其他
淨土真宗	親鸞	13世紀前	本願寺Ⓔ與其他
日蓮宗	日蓮	13世紀中	久遠寺Ⓖ
時宗	一遍	13世紀後	清淨光寺Ⓗ
黃檗宗	隱元	17世紀中	萬福寺Ⓘ

Ⓕ福井縣永平寺町
Ⓑ滋賀縣大津市
Ⓘ京都府宇治市　Ⓔ京都府京都市
Ⓖ山梨縣身延町　Ⓗ神奈川縣藤澤市
Ⓐ奈良縣奈良市
Ⓓ大阪府大阪市　Ⓒ和歌山縣高野町

個階段主要是在貴族之間流行。

從11世紀左右開始，以前往極樂淨土為目標的淨土信仰逐漸盛行。其以救濟眾生的形式逐步發展，鎌倉新佛教開始宣講此信仰。**淨土宗（法然）**教誨信眾，只要誠心誠意念誦「南無阿彌陀佛」，任何人都可以前往極樂淨土，而**淨土真宗（親鸞）**承繼了此一教誨，兩者皆為淨土信仰最具代表的例子。

此後，江戶時代實施了檀家制度（P154），促進了現代的「葬禮佛教」化。

現代佛教被稱為
「葬式佛教」的原因

佛　教

江戶時代

檀家制度的設立

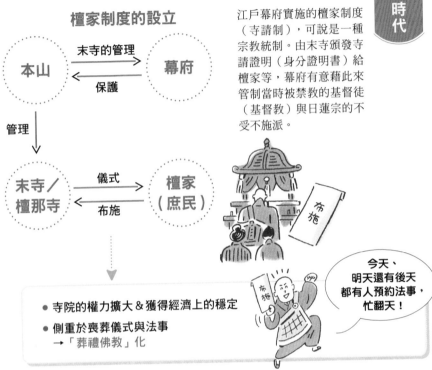

江戶幕府實施的檀家制度（寺請制），可說是一種宗教統制。由末寺頒發寺請證明（身分證明書）給檀家等，幕府有意藉此來管制當時被禁教的基督徒（基督教）與日蓮宗的不受不施派。

本山　←末寺的管理→　幕府
　　　　←保護

↓管理

末寺／檀那寺　←儀式→　檀家（庶民）
　　　　←布施

● 寺院的權力擴大＆獲得經濟上的穩定
● 側重於喪葬儀式與法事
　→「葬禮佛教」化

今天、明天還有後天都有人預約法事，忙翻天！

從江戶時代延續至今的「葬式佛教」的實態

進入江戶時代後，為了管制基督徒等而實施檀家制度。

這項制度將寺院與檀家（庶民）連結在一起，由寺院舉辦喪葬祭祀之事，檀家則透過布施來支持該寺院。

寺院更進一步區分為各宗派的本山與末寺，由本山來管理執掌喪葬與祭祀的寺院（末寺）。

而各本山必須提交出末寺的清單（末寺帳），幕府便可藉此掌握全日本寺院的實況。如此一來，檀家的喪葬儀式皆委託給末寺的習俗逐漸滲透進人們的生活，由此確立了「葬式佛教」的型態，

所謂的不受不施派 ＞ 日蓮宗的其中一派。有一條教義是：既不接受來自《法華經》信眾以外的布施，亦不施捨。

檀家制度也會因為人口外流&都市化而衰退!?

變化①
人口嚴重外流並往都市移動

經濟高度成長之後，人口便不斷移往都市，造成地方人口嚴重外流。過去以「家」為基礎的社會生活發生了變化，祖先崇拜的意識逐漸淡薄。

現代

變化②
二戰之後因農地改革而失去土地

地方寺院必須歸還土地！

地方寺院因戰後的農地改革而失去作為收入來源的土地，被迫只能依靠辦理喪葬祭祀的收入。

變化③
喪葬儀式&法事日益精簡

家族葬

可以用家族葬來辦理嗎？

喪葬與祭祀是很花錢的，因此都市大多流行縮小規模的家族葬，或是簡化每年忌辰的法事等。

檀家遲早會消失滅亡!?

佛教信仰也廣傳至庶民階層。

葬式佛教的型態一直延續至現代，但情況在二戰之後發生了變化。地區寺院因戰後的農地改革而被剝奪了土地，頓失穩定經濟來源。此外，隨著經濟成長，人口不斷往都市移動，過去一直是日本社會核心的「家」的價值逐漸式微，**導致祖先崇拜的意識日漸淡薄，喪葬儀式也逐步朝向精簡化發展。**

在這樣的背景下，據說現今有許多寺院陷入經營困境。

所謂的永代供養墓 現代日本最普遍的墳墓型態。即便沒有墳墓繼承人（守墓人），也能以較低廉的費用，將遺骨託付給寺院或公墓代為管理。

新宗教誕生的三大熱潮

明治時代　廢佛毀釋→神道教流派的「教派神道」應運而生

習合神道流派
- 黑住教
- 天理教

山岳信仰流派
- 實行教
- 御嶽教

復古神道流派
- 出雲大社教
- 神道大教

大正～昭和時代　昭和恐慌＆皇國主義化

皇國主義
- 大本

日蓮主義
- 國柱會

二戰之後　高度經濟成長＆泡沫化

發展
- 創價學會
- 立正佼成會

誕生
- 奧姆真理教
- 幸福科學

不光是新宗教，還出現了「新新宗教」！

相對於神道教與佛教這類既有宗教，歷史較淺的宗教則統稱為「新宗教」。

明治政府的廢佛毀釋政策是促成新宗教誕生的首要原因。獲得明治政府正式承認的宗教團體「教派神道」應運而生。含括了以開山祖的宗教體驗等為基礎所組成的黑住教與天理教、奠基於山岳信仰的實行教與御嶽教，以及復古神道流派中的出雲大社教與神道大教等。

此後，皇國史觀不斷廣為傳播，結果出現了主張民族主義的新宗教。結合皇國史觀與日蓮信

主要的新宗教＆新新宗教

	宗教名稱	成立年分	開山祖	概要
神道教流派	黑住教	1814年	黑住宗忠	奉天照大御神為祭神的宗教團體。很重視「日拜」，每天早晨都要膜拜日出
	天理教	1838年	中山美伎	本部設於奈良縣天理市，該市宗教設施雲集，以日本首屈一指的宗教都市而聞名
	金光教	1859年	金光大神	本部設於岡山縣。信奉「天地金乃神」與開山祖「生神金光大神」（金光大神）
佛教流派	國柱會	1884年	田中智學	提出「純正日蓮主義」。創始之初自稱為「立正安國會」，於1914年改名
	靈友會	1920年	久保角太郎	重視《法華經》與供奉祖先。立正佼成會便是靈友會的前信徒所創
	創價學會	1930年	牧口常三郎	法華經流派的新宗教，全世界皆有信徒。為公明黨的母體，第三任會長是池田大作
	奧姆真理教	1984年	麻原彰晃	麻原彰晃等教團幹部失控而引發恐怖攻擊行為。於2000年改名為Aleph
	幸福科學	1986年	大川隆法	信奉總裁大川隆法的著作為聖典。在國外以「Happy Science」自稱
其他	PL教團	1924年	御木德一	正式名稱為「完美自由教團」。以關西為中心，對藝術活動也頗為積極
	山達基	1954年	L・羅恩・賀伯特	特色在於具自我啟發性與實踐性的教義。信徒中也有著名的好萊塢演員等
	統一教	1954年	文鮮明	創立於韓國的基督教教派之一。現在的名稱為「世界和平統一家庭聯合會」

仰的國柱會，還有以昭和維新為口號的大本，都是屬於這一類。

二戰之後，日本的國家神道教體制瓦解，與經濟成長同步發展的創價學會，以「從貧窮、疾病與戰爭中解放」作為號召，聲勢日益擴大，並涉及政治圈。此外，同為日蓮流派的立正佼成會等也蓬勃發展。

1970年代以後，新宗教整體有衰退的趨勢，但是又孕育出奧姆真理教等統稱為「新新宗教」的宗教團體。而奧姆真理教所引發的「東京地鐵沙林毒氣事件」震撼了全日本。

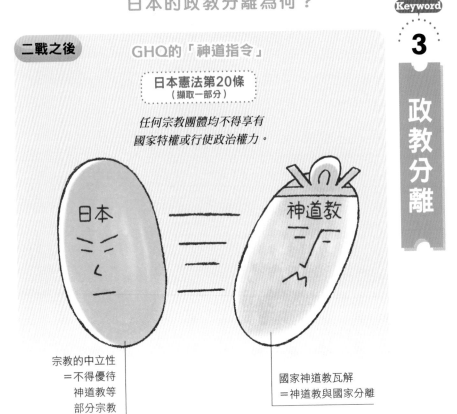

二戰之後

GHQ的「神道指令」

日本憲法第20條
（擷取一部分）

任何宗教團體均不得享有
國家特權或行使政治權力。

日本

神道教

宗教的中立性
＝不得優待
神道教等
部分宗教

國家神道教瓦解
＝神道教與國家分離

「靖國神社參拜」
為何會登上新聞版面？

對日本而言，在第二次世界大戰中戰敗，意味著實質上以神道教為國教的國家體制已經完全瓦解。

GHQ將日本走上軍國主義之路歸因於國家神道教（GHQ首次使用的用語），並向日本政府發布了「神道指令」，要求廢除國家神道教、徹底落實政教分離與保障國民的信仰自由等。

受到GHQ該指令的影響，1947年實施的日本憲法中便明確記載著「信仰自由」與「政教分離」。原本在國家管制下的神社神道則根據新宗教法人法所

在政教分離議題上引發的爭議

爭議①
首相參拜靖國神社

首相到祭祀戰亡軍人的靖國神社參拜所引發的相關爭議。一直以來的關注焦點在於，該參拜行為是以私人還是公職身分進行的。

爭議②
公明黨等宗教政黨的存在

公明黨

對公明黨（母體是創價學會）參政的批判。公明黨主張其性質和戰前政府與國家神道教之間的關係大相逕庭，並未違反政教分離的原則。

爭議③
天皇參與國事行為

從平成過渡至令和時所舉行的「劍璽等繼承之儀」，將這類源自於日本神話的儀式視為「國事行為」而支出國家經費，引發部分人的質疑。

示，移交給民間的宗教法人。原以伊勢神宮為首，其餘劃分為官方神社（出雲大社等）與其他神社（地方神社等）的社格制度，到了明治時期以後也遭到廢除。

雖然透過憲法確立了政教分離的原則，政教分離的相關爭議仍以各種不同的形式上演。其中最具代表性的便是，祭祀戰亡者的靖國神社是否該由國家管理與維護，以及首相等政治家的參拜行為。

此外，還衍生出公明黨等宗教政黨的存在是否符合政教分離的原則等爭議。

共產主義與宗教水火不容!?
中國與宗教

三大關鍵字

1. 三教合一　　**2.** 馬克思主義　　**3.** 宗教與民族壓迫

　　西元前，中國出現了儒教與道教，後來又加上佛教，這三大宗教對東亞各國造成莫大的影響。讓我們來看看中國與宗教之間的關係吧。

道教

從10世紀左右開始滲透

三教合一

詳見P161

佛教　　儒教

詳見P164

在 馬克思主義 的影響下

展開宗教統制

對維吾爾族與藏族等
展開

宗教與民族壓迫

詳見P165

中國政府

歐美

160

形塑中國人思維的三大宗教

西元前6世紀左右 誕生

1世紀左右 傳入

- 孔子將中國文明的思想加以系統化
- 採徹底的現世中心主義

- 以民間信仰的形式逐漸擴張
- 參照佛教並將教義等加以系統化

- 7世紀左右在玄奘等人的努力下，中國佛教成形
- 從14世紀左右開始有衰退的趨勢

宋代（10世紀）以後

中國人思想的背景

三教合一

二戰之後 共產黨政權誕生＝展開宗教統制

在有「軸心時代」之稱的西元前6世紀，**孔子開創了儒教，老子則創立了道教**。到了1世紀左右又從中亞傳來了佛教。為了與不斷擴張的佛教抗衡，從儒教中衍生出朱子學（→P169），佛教則產生型態上的變化，開始像道教與儒教般肯定現世價值，三大宗教互相影響，逐漸滲透中國社會。

此後，儒家學者漸漸導入禪的概念等，以三教融合為目標的「**三教合一**」思想便逐漸發展。這三大宗教，再加上自古流傳下來的特有中華思想，可說是從古到今中國人思想的背景。

所謂的中華思想 ＞ 認為漢族是世界的中心並視異民族為野蠻人的思想。此思想的核心是認為歷代王朝都會有一名統御宇宙的天帝（＝皇帝）來統治天下。

儒教的重點

孔子的教誨

愛人，
方為「仁者」。

仁…憐憫對方的心
禮…社會的規範
孝…敬愛父母

▼

發展成支撐中國社會秩序的「五倫五常」

五倫	五常
親…親子關係	仁…憐憫並體恤對方
義…君臣關係	義…為人應行事端正
別…夫妻關係	禮…謹守正確的禮儀禮法
序…長幼關係	智…明辨是非善惡
信…朋友關係	信…常保誠實

一般都說儒教「並非宗教！」的原因

☑ **孔子不曾有過宗教體驗**

孔子不曾經歷如佛陀開悟或接獲神啟等宗教體驗，所以與其說孔子是宗教家，不如說其身為道德家的特質更為強烈!?

☑ **徹頭徹尾的現世主義**

孔子對於來世等超越現實的世界不太感興趣，終究只會宣講如何實現現世利益。

耳熟能詳的「仁義」與「自然無為」是指什麼？

西元前8～3世紀，中國正處於群雄爭霸的春秋戰國時代。

他們尋求新的思想與國家理念，積極任用孔子與老子等被稱為諸子百家的思想家們。

孔子將自中國文明延續下來的在地信仰（祖先崇拜等）轉為一套有系統的思想。他重視子女對父母的愛「孝」、將其擴大為對人類的愛「仁」，以及社會規範的「禮」，並以奠基於治世者德行的政治為理想。

孔子的弟子將其教誨彙整成經典「四書五經」，主要由《論語》、《大學》等四書以及《易語》、《易

所謂的四書五經　由《論語》、《大學》、《孟子》與《中庸》的四書，和《易經》、《書經》、《詩經》、《禮記》與《春秋》的五經所組成。

道教的重點

老子與莊子的教誨

> 活著無所謂「理應如何」，順應自然即可。

自然無為

其思想與宣揚社會秩序的孔子形成對比，講求「自然無為」，即排除人為，順應自然而生。

▼

創立宗教團體 & 結合神仙思想等 → 形成道教

太平道　創建於東漢末期。據說此為道教的源頭，由張角組織而成。184年，率領生活困苦的農民發起了「黃巾之亂」。

天師道　創建於東漢末期，又稱為五斗米道。由張陵組織而成，後由其子張衡與其孫張魯繼承，傳承三代。

全真教　12世紀左右，由王重陽所創。提出對在皇室保護下而日趨墮落的道教進行改革，是新登場的道教流派之一。

道教的神與信仰

☑ 三大類神祇

道教的神可大致區分為最高神・三清等天界諸神（尊神）、崇拜關羽為關聖帝君等的民間信仰中的眾神（俗神），以及歷經修道而得以長生不死的神仙。

☑ 道士與道觀

道教稱執行司祭的人或是修行者為道士，稱道教的寺院為道觀。以全真教的道觀・白雲觀（北京）等最著名。

經》、《春秋》等五經所組成。

不僅如此，孟子與董仲舒兩人還分別提出五倫與五常作為儒教的德目，這些「五倫五常」作為支撐中國社會秩序的思想被持續傳承下來。

另一方面，老子提倡宇宙中有所謂的「道」，即萬物存在的法則，人應遵循此道，過著「自然無為」的生活。莊子繼承其思想，兩人的「老莊思想」成了道教的根基。之後又出現太平道等宗教團體，融合了神仙思想等，逐漸確立了道教的形態。

所謂的神仙思想　在古代中國廣為流傳的思想，志在成為長生不老的仙人，被納入道教之中。據說秦始皇曾尋求長生不老的仙藥。

> 宗教是人民吸食的鴉片。

馬克思

馬克思對宗教持否定態度。因此在蘇聯與阿爾巴尼亞等共產主義國家中，宗教一直以來都遭受打壓。

二戰之後

中國社會的共產主義化

> 宗教是毒藥。

毛澤東

據說毛澤東曾對訪問北京的達賴喇嘛說：「宗教是毒藥。」

1973～1976年

批林批孔運動

毛澤東派認為林彪受儒教價值觀的影響太深，於是展開一場連同孔子一起批判的政治活動。

批林批孔

於二戰之後建立的共產主義政權，對中國的宗教造成重大的影響。**將共產主義思想加以系統化的馬克思曾說過，宗教是一種「鴉片」**，中國以此為前提，對宗教採取否定的態度。而曾是中國共產黨最高領袖的**毛澤東也說過：「宗教是毒藥。」**因此二戰之後，中國的宗教便一直由國家統制、管理。

1970年代展開了一場名為「批林批孔運動」的思想改造活動，針對孔子與企圖暗殺毛澤東的林彪進行批判。

然而，據說中國現在又將孔子視為倫理道德的根據，廣為推動儒教復興活動。

所謂的無神論　共產主義國家的政策之一。1967年，共產主義時期的阿爾巴尼亞曾宣稱自己是世界上第一個「無神論國家」。

對維吾爾族&藏族的打壓

Keyword

3

宗教與民族壓迫

内蒙古自治區

蒙古

新疆
維吾爾
自治區

西藏
自治區

中國

新疆維吾爾自治區

人口 約830萬人

- 信仰伊斯蘭教
- 1949年納入中國的統治之下
- 尋求獨立

西藏自治區

人口 約240萬人

- 信仰藏傳佛教
- 中國於1950年進駐
- 尋求高度自治

※人口是來自中國第五次人口普查（2000年）的數據

被報導出來的同化政策的實況

如今，中國在國家主席習近平的領導下，正在對少數民族推行同化政策。具體來說便是強迫中小學教育學中文、假「教育或職業訓練」之名進行強制拘留等，遭到國際社會的抨擊。

如今屢屢有報導指出，信仰伊斯蘭教的維吾爾人所居住的新疆維吾爾自治區，以及信仰藏傳佛教的民族所居住的西藏自治區等地，**遭到中國政府打壓**。

西藏與維吾爾從以前就不斷發起追求獨立的運動。然而，中國政府將這些地區納入「核心利益」而竭力阻止其獨立。已有報導指出，中國甚至**透過強制以中文授課與強制拘留等手段，在這些地區推行「同化政策」**。此外，還有報告指出，中國也曾經對內蒙古自治區進行鎮壓。

所謂的內蒙古 從中國的東北延伸至西北，是蒙古族所居住的自治區。目前仍在推行中國政府的同化政策。

中國政府正式承認的5個宗教
與不承認的「邪教」

1999年

**法輪功信眾的
抗議活動**

法輪功是出身於吉林省的李洪志在1990年代初期所創設的新宗教。其信徒於1999年4月包圍了中南海，此區域為共產黨幹部與政要所居住的北京中心。

政府認定法輪功為「邪教」＝加強取締

5個宗教

- 天主教
- 新教
- 伊斯蘭教
- 佛教
- 道教

以歸屬於愛國宗教團體的形式來進行活動。政府意圖管控到各團體的基層。

邪教

- 法輪功
- 摩門教
- 耶和華見證人　等

為壓制的對象。駐日中國大使館將法輪功解釋為「中國版的『奧姆真理教』」。

獲得官方承認的5個宗教的實況為何？

1999年曾發生過一起事件：法輪功信徒包圍了中國政府與政要所居住的地區。一般認為這是因為有名親近政府的學者發表了一篇抨擊法輪功的論文。

中國政府將法輪功等認定為非法組織的宗教團體，並視為邪教加以打壓。另一方面又正式承認天主教與新教等5個宗教。然而，前提是這5個宗教必須歸屬於與共產黨有所關聯的「愛國宗教團體」，可視為一種在中國政府的管制與監督之下得到認可的宗教。

在這樣的背景下，世界宗教

中國政府&天主教達成協議的背景

我們所任命的人就是主教！

神職人員的任命權由我們掌控！

對基督徒的打壓

有一些天主教徒因為厭惡中國政府的干涉，而在非官方承認的教會繼續他們的信仰。這些教會被稱為「地下教會」，成了中國政府壓制的對象。

2018年　雙方簽訂暫時協議

希望可以增加天主教的信徒……

只要梵蒂岡能與台灣斷交……

與中國政府之間也產生了不少衝突。例如天主教與中國政府便為了主教任命權而產生摩擦。**羅馬教宗將中國政府獨斷選出的7名主教逐出教會並拒絕承認等，雙方長期處於對立。**

另外，天主教希望可以增加信徒人數，中國政府則希望梵蒂岡與台灣斷交，雙方有了共識，這個問題便在2018年達成暫時性協議。

天主教徒厭惡中國政府的干涉介入，於是聚集於非官方承認的「地下教會」來繼續他們的信仰。新教也以非官方承認的「家庭教會」形式展開活動。

韓國特有的「基督教」持續擴張！
韓國與宗教

兩大關鍵字

1. 薩滿教　　2. 基督教

二戰之後，創價學會等新宗教在日本廣為傳播，另一方面，基督教則在鄰國韓國
持續擴張。其背後原因在於與在地信仰薩滿教的融合。

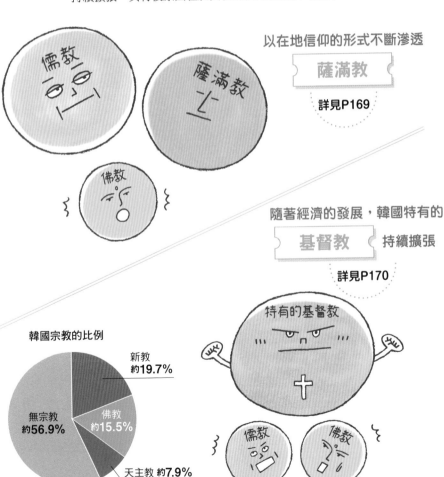

以在地信仰的形式不斷滲透

薩滿教

詳見P169

隨著經濟的發展，韓國特有的

基督教　持續擴張

詳見P170

特有的基督教

韓國宗教的比例

新教 約19.7%

無宗教 約56.9%

佛教 約15.5%

天主教 約7.9%

儒教　佛教

168

韓國的宗教發展與薩滿教

古代　以從中國傳入的兩大宗教為主

佛教與儒教曾是韓國的信仰中心，不過李氏朝鮮時代相當尊崇朱子學（儒教之一），故而由學習儒教的統治階層「兩班」支撐著王朝。

14～20世紀初　①進入優待儒教的時代

李氏朝鮮相當尊崇儒教！

儒教是屬於男性的。那我們女性該怎麼辦……？

透過「附身降神」進行的事

占卜
祭祀
☑娛樂表演
　等等

②巫女（薩滿）信仰持續滲透

在稱為「祈禱」的儀式中，神靈（在地的神）會附身在巫堂身上。透過演奏太鼓或跳舞等儀式來進行占卜或祭祀。

朝鮮半島最初是以佛教與儒教為信仰中心。然而，在李氏朝鮮（14～20世紀）時代採行了「崇儒廢佛」的政策，導致佛教式微。

當時儒教的性質較偏向統治者與男性專屬，於是女性便開始往韓國在地的薩滿教尋求救贖。

朝鮮半島自古以來就有稱為巫堂的巫女（薩滿），她們會透過讓神附身這種充滿巫術色彩的儀式來宣教，這種信仰型態還一路傳承下來。後來又與從19世紀展開正式傳教的基督教等互相融合，並延續至今。

所謂的朱子學　儒教學問系統之一，12世紀由中國（南宋）的朱熹所創立。宣揚萬物是由「理」與「氣」所構成，被視為江戶幕府的正統學問。

基督教廣為傳播的原因

Keyword

2

基督教

19～20世紀　基督教的傳教與日韓合併

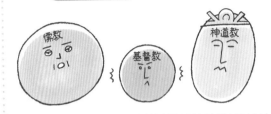

1910年的日韓合併強化了國家權力的控制，因此基督教剛傳入韓國之際並未立即滲透。

二戰之後　隨著經濟發展，基督教以「新宗教」之姿不斷擴展

☑ 也有傳教士被神靈附體

☑ 宣揚可實現現世利益與治癒疾病

☑ 不限於知識階層，還擴大至庶民階層

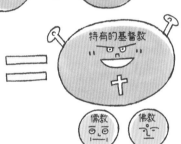

二戰之後，韓國從日本獨立出來，之後便解除了基督教的傳教禁令。從1960年代中葉起，締造了所謂「漢江奇蹟」的經濟成長，韓國特有的基督教得以不斷擴展。

19世紀，基督教在朝鮮半島展開正式的傳教。基督教在日本廣傳至知識階層，但在韓國則是融合了在地的薩滿教，讓基督教（尤其是新教）逐漸滲透至庶民階層。

韓國的傳教士中，甚至有人藉由在講壇上宣稱有神靈附體來進行狂熱的傳教。該教一邊宣揚可實現治癒疾病等的現世利益，一邊壯大為國民宗教。

尤其是二戰之後，因為經濟成長與人口往首爾集中，使其得以擴大信眾。然而，近年來湧入首爾的人口趨緩，其擴張之勢也漸漸停歇，而無宗教階層正持續增加。

索引 INDEX

11～15劃 ←

監修者簡介
島田裕巳

1953年生於日本東京都，身兼宗教學家與作家。
東京大學文學系宗教學科畢業（主修宗教史學課程），同大學研究所人文科學研究科博士課程修畢。在研究所進行公社運動的研究，對醫療與宗教之間的關係也深感興趣。曾經擔任廣播教育開發中心的助理教授、日本女子大學教授，以及東京大學尖端科學技術研究中心特約研究員，目前為東京女子大學與東京通信大學的兼任講師。針對日本與世界的宗教寫下內容廣泛的著作，有熱賣30萬冊的暢銷書《不要葬儀》（幻冬舍）、《創價學會》（新潮社）、《素養養成之世界宗教史》（寶島社）、《日本十大新宗教》（幻冬舍）、《戰後日本的宗教史》（筑摩書房）等（以上書名皆為暫譯），中文譯作則有《讓人生的終點歸零》（商周出版），著作無數。其中《讓人生的終點歸零》不僅成為了熱門話題，「零葬」一詞還因此成了流行語。

宗教是怎麼改變世界的？
從五大宗教發展看懂全球局勢變化與重大國際議題
2022年5月1日初版第一刷發行

監 修 者	島田裕巳
譯 者	童小芳
主 編	陳正芳
美術編輯	黃郁琇
發 行 人	南部裕
發 行 所	台灣東販股份有限公司
	＜地址＞台北市南京東路4段130號2F-1
	＜電話＞(02)2577-8878
	＜傳真＞(02)2577-8896
	＜網址＞www.tohan.com.tw
郵撥帳號	1405049-4
法律顧問	蕭雄淋律師
總 經 銷	聯合發行股份有限公司
	＜電話＞(02)2917-8022

國家圖書館出版品預行編目(CIP)資料

宗教是怎麼改變世界的？：從五大宗教發展
看懂全球局勢變化與重大國際議題 / 島田
裕巳監修；童小芳譯. -- 初版. – 臺北市：
臺灣東販股份有限公司, 2022.05
176面；14.3×21公分
ISBN 978-626-329-223-9 (平裝)

1.CST: 宗教

200　　　　　　　　　　　111004629

SHUKYO TO SEKAI
© SHINSEI PUBLISHING CO., LTD, 2021
Originally published in Japan in 2021
by SHINSEI PUBLISHING CO., LTD, TOKYO.
Traditional Chinese translation rights
arranged with SHINSEI PUBLISHING CO., LTD,
TOKYO, through TOHAN CORPORATION,
TOKYO.